FILŌAGAMBEN   autêntica

Giorgio Agamben
Nudez

1ª reimpressão

Tradução
Davi Pessoa

Revisão técnica
Cláudio Oliveira

Copyright © 2009 nottetempo srl
Copyright © 2014 Autêntica Editora

Título original: *Nudità*

Todos os direitos reservados pela Autêntica Editora. Nenhuma parte desta publicação poderá ser reproduzida, seja por meios mecânicos, eletrônicos, seja via cópia xerográfica, sem a autorização prévia da Editora.

Todos os esforços foram feitos no sentido de encontrar os detentores dos direitos autorais das obras que constam deste livro. Pedimos desculpas por eventuais omissões involuntárias e nos comprometemos a inserir os devidos créditos e corrigir possíveis falhas em edições subsequentes.

COORDENADOR DA COLEÇÃO FILÔ
Gilson Iannini

COORDENADOR DA SÉRIE FILÔ/AGAMBEN
Cláudio Oliveira

CONSELHO EDITORIAL
Gilson Iannini (UFOP); *Barbara Cassin* (Paris); Carla Rodrigues (UFRJ) Cláudio Oliveira (UFF); *Danilo Marcondes* (PUC-Rio); *Ernani Chaves* (UFPA); *Guilherme Castelo Branco* (UFRJ); *João Carlos Salles* (UFBA); *Monique David-Ménard* (Paris); *Olímpio Pimenta* (UFOP); *Pedro Süssekind* (UFF); *Rogério Lopes* (UFMG); *Rodrigo Duarte* (UFMG); *Romero Alves Freitas* (UFOP); *Slavoj Žižek* (Liubliana); *Vladimir Safatle* (USP)

EDITORA RESPONSÁVEL
Rejane Dias

EDITORA ASSISTENTE
Cecília Martins

REVISÃO TÉCNICA
Cláudio Oliveira

REVISÃO
Aline Sobreira
Lívia Martins

PROJETO GRÁFICO
Diogo Droschi

CAPA
Alberto Bittencourt (sobre a pintura *A tentação de Adão e Eva no Paraíso*, de Masolino da Panicale)

DIAGRAMAÇÃO
Christiane Morais

Dados Internacionais de Catalogação na Publicação (CIP)
(Câmara Brasileira do Livro, SP, Brasil)

Agamben, Giorgio
   Nudez / Giorgio Agamben ; tradução Davi Pessoa Carneiro. -- 1. ed. ; 1. reimp. -- Belo Horizonte : Autêntica Editora, 2015. -- (Filô/Agamben)

   Título original: Nudità.
   Bibliografia
   ISBN 978-85-8217-387-9

   1. Arte - Filosofia 2. Estética 3. Filosofia I. Título. II. Série.

14-10042   CDD-111.85

Índices para catálogo sistemático:
1. Estética : Filosofia   111.85

Belo Horizonte
Rua Carlos Turner, 420
Silveira . 31140-520
Belo Horizonte . MG
Tel.: (55 31) 3465-4500

Rio de Janeiro
Rua Debret, 23, sala 401
Centro . 20030-080
Rio de Janeiro . RJ
Tel.: (55 21) 3179 1975

São Paulo
Av. Paulista, 2.073,
Conjunto Nacional, Horsa I
23º andar . Conj. 2301 .
Cerqueira César . 01311-940
São Paulo . SP
Tel.: (55 11) 3034 4468

Televendas: 0800 283 13 22
www.grupoautentica.com.br

Sumário

- 7. Criação e salvação
- 19. O que é o contemporâneo?
- 35. K.
- 59. Da utilidade e dos inconvenientes do viver entre espectros
- 69. Sobre o que podemos não fazer
- 75. Identidade sem pessoa
- 87. Nudez
- 131. O corpo glorioso
- 149. Uma fome de boi. Considerações sobre o sábado, a festa e a inoperosidade
- 163. O último capítulo da história do mundo

- 169. Lista das principais obras citadas
- 175. Créditos das imagens

- 177. Coleção FILÔ
- 179. Série FILÔ Agamben

Criação e salvação

1. Os profetas desaparecem cedo da história do Ocidente. Se é verdade que não é possível entender o judaísmo sem a figura do *nabi*, se os livros proféticos ocupam na Bíblia um lugar em todos os sentidos central, é igualmente verdade que, no interior do judaísmo, operam precocemente algumas forças que tendem a limitar o profetismo no exercício e no tempo. A tradição rabínica tende assim a encerrar o profetismo num passado ideal, que se conclui com a primeira destruição do Templo, em 587 a.C. "Depois da morte dos últimos profetas, Ageu, Zacarias e Malaquias, o sopro santo", ensinam os rabinos, "afastou-se de Israel; no entanto, as mensagens celestes lhe chegam através da *bat kol*" (literalmente "a filha da voz", isto é, a tradição oral e o trabalho de comentário e de interpretação da Torá). No mesmo sentido, o cristianismo reconhece a função essencial da profecia e constrói, antes, a relação entre o Antigo e o Novo Testamento em termos proféticos. Mas, precisamente no momento em que o messias apareceu na Terra e cumpriu a promessa, o profeta já não tem mais razão de ser, e Paulo, Pedro e os seus companheiros apresentam-se como

apóstolos (isto é, "convidados"), e nunca como profetas. Por isso, na tradição cristã, quem assume a figura do profeta só pode ser olhado com suspeita pela ortodoxia. Também nesse caso, quem quer de algum modo ligar-se à profecia só pode fazê-lo mediante a interpretação das Escrituras, lendo-as de um jeito novo ou lhes restituindo o significado original perdido. Tal como no judaísmo, também no cristianismo a hermenêutica tomou o lugar do profetismo, e só se pode exercitar a profecia sob a forma da interpretação.

Naturalmente o profeta não desapareceu, por isso, totalmente da cultura ocidental. Sob disfarces de várias espécies, continua discretamente o seu trabalho, talvez também fora do âmbito hermenêutico em sentido estrito. Assim, Aby Warburg classificava Nietzsche e Jacob Burckhardt como dois tipos opostos de *nabi*, o primeiro voltado em direção ao futuro, e o segundo, ao passado; e Michel Foucault, na aula do dia 1º de fevereiro de 1984, no Collège de France, distinguia quatro figuras da veridicção no mundo antigo: o profeta, o sábio, o técnico e o parresiasta, e, na aula seguinte, convidava seus alunos a retraçarem a sua descendência na história da filosofia moderna. Resta, todavia, que, ao menos em linhas gerais, ninguém iria hoje reivindicar imediatamente para si mesmo a posição do profeta.

2. É conhecido que, no Islã, o profeta desenvolve uma função se possível ainda mais essencial. Não somente os profetas bíblicos em sentido estrito, mas também Abraão, Moisés e Jesus são definidos como profetas. E, todavia, também nesse caso, o profeta por excelência, Maomé, é o "selo da profecia", aquele que com o seu livro encerrou definitivamente a história do profetismo (que continua também aqui secretamente através do comentário e da interpretação do Corão).

Significativo é, porém, que a tradição islâmica ligue indissoluvelmente a figura e a função do profeta a uma das duas obras ou ações de Deus. Segundo essa doutrina, há em Deus duas diferentes obras ou práxis (*sunan*): a obra da criação e a obra da salvação (ou do Imperativo). À segunda correspondem os profetas, que funcionam como mediadores para a salvação escatológica; à primeira, os anjos, que representam a obra da criação (de que Iblis – o anjo a quem na origem havia sido confiado o reino e que se recusa a adorar Adão – é a cifra). "Deus", escreve Shahrastānī,[1] "tem duas obras ou práxis: uma diz respeito à sua criação, e a outra, ao seu Imperativo. Os profetas servem de mediadores para afirmar a obra do Imperativo, enquanto os anjos servem como mediadores para a obra da criação. E como o Imperativo é mais nobre que a criação, o mediador do Imperativo [isto é, o profeta] é mais nobre que o mediador da criação".

Na teologia cristã, as duas obras, unidas em Deus, estão destinadas na Trindade a duas pessoas diferentes, ao Pai e ao Filho, o criador onipotente e o redentor, no qual Deus se esvaziou da sua força. Decisivo, na tradição islâmica, é, porém, que a redenção preceda na categoria a criação, que aquilo que parece subsequente seja, na verdade, anterior. A redenção não é um remédio para a queda das criaturas, mas a única coisa que torna a criação compreensível e que lhe dá o seu sentido. Por isso, no Islã, a luz do profeta é o primeiro dos seres (assim como, na tradição judaica, o nome do messias foi criado antes da criação do mundo e, no cristianismo, o Filho, embora gerado pelo Pai, é-lhe consubstancial e coevo). E nada exprime melhor a prioridade da obra da salvação sobre a da criação que o fato de

---

[1] al-Shahrastānī (1086-1153) foi filósofo, teólogo e historiador persa. (N.T.)

ela se apresentar como uma exigência de reparação que precede, no criado, o aparecimento da injustiça. "Quando Deus criou os anjos", recita um *hadith*, "eles levantaram a cabeça em direção ao céu e perguntaram: 'Senhor, com quem estás?' Ele respondeu: 'Estou com aquele que é vítima de uma injustiça, até quando não for restabelecido o seu direito'."

3. Os estudiosos interrogaram-se sobre o significado das duas obras de Deus, que aparecem juntas em um único versículo do Corão ("A Ele pertencem a criação e o Imperativo", *Cor.* 7, 54). Tratar-se-ia, segundo alguns estudiosos, da íntima contradição que, nas religiões monoteístas, opõe um Deus criador a um Deus salvador (ou, na versão gnóstica e marcionista, que exaspera a oposição, um demiurgo maléfico criador do mundo a um deus estrangeiro ao mundo, do qual procedem redenção e salvação). Qualquer que seja a origem das duas obras, é certo que, não exclusivamente no Islã, criação e salvação definem os dois polos da ação divina. E, portanto – se é verdade que Deus é o lugar em que os homens pensam os seus problemas decisivos –, também da ação humana.

Ainda mais interessante torna-se a relação que liga as duas obras: são distintas e contrastantes entre si e, no entanto, inseparáveis. Quem age e produz deve também salvar e redimir a sua criação. Não basta fazer, é necessário saber salvar o que se faz. Ou melhor, a tarefa da salvação precede a da criação, quase como se a única legitimação para fazer e produzir fosse a capacidade de redimir o que foi feito e produzido.

Verdadeiramente singular é, em cada existência humana, o entrelaçamento silencioso e impenetrável entre as duas obras, o modo de procederem muito próximas e separadas da palavra profética e da palavra criadora, do poder do anjo, com o qual não cessamos de produzir e olhar adiante, e do poder do profeta, que igualmente incansável retoma, desfaz e detém o progresso da criação e, desse modo, consuma-o e o redime. E igualmente singular é o tempo que as mantém juntas, o ritmo segundo o qual a criação precede a redenção, mas, na realidade, a segue; a redenção segue a criação, mas, na verdade, a precede.

4. No Islã e no judaísmo, a obra da salvação – mesmo precedendo na hierarquia a obra da criação – é confiada a uma criatura, o profeta ou o messias (no cristianismo, isso se atesta pelo fato de que o Filho, embora consubstancial ao Pai, foi por ele gerado, apesar de não criado). A passagem de Shahrastānī que citamos continua, de fato, com as seguintes palavras: "E isso é digno de maravilha: que os seres espirituais [os anjos], embora procedendo diretamente do Imperativo, tornaram-se mediadores da criação, enquanto os seres corpóreos criados [os profetas] se tornaram os mediadores do Imperativo". Maravilhoso é, nesse caso, que não ao criador (ou aos anjos, que procedem diretamente do poder criador), mas a uma criatura seja confiada a redenção do criado. O que significa que criação e salvação permanecem, de algum modo, estranhas uma à outra, que não é o que em nós é princípio de criação que poderá salvar o que produzimos. E, no entanto, o que pode e deve salvar a obra da criação resulta e provém dela, aquilo que precede na hierarquia e na dignidade deriva do que lhe é inferior.

Isso significa que aquilo que salvará o mundo não será o poder angélico espiritual (e, em última análise, demoníaco) com o qual os homens produzem as suas obras (sejam elas obras da arte ou da técnica, da guerra ou da paz), mas aquilo, mais humilde e corpóreo, que lhes compete como criaturas. Mas também significa que, no profeta, os dois poderes, de alguma forma, coincidem, que o titular da obra da salvação pertence, quanto ao seu ser, à criação.

5. Na cultura da Idade Moderna, filosofia e crítica herdaram a obra profética da salvação (que já na esfera sagrada havia sido confiada à exegese); poesia, técnica e arte, confiadas à obra angélica da criação. No processo de secularização da tradição religiosa, porém, elas perderam progressivamente toda memória da relação que, naquela, as ligava tão intimamente. Daí o caráter complicado e quase esquizofrênico que parece marcar a sua relação. Onde, outrora, o poeta sabia dar conta da sua poesia ("Abri-la pela prosa", dizia Dante) e o crítico era também poeta, o crítico, que perdeu a obra da criação, vinga-se dela pretendendo julgá-la; o poeta, que já não sabe mais salvar a sua obra, desconta essa incapacidade entregando-se cegamente à frivolidade do anjo. O fato é que as duas obras, aparentemente autônomas e estranhas, são, na realidade, as duas faces de um mesmo poder divino e, pelo menos no profeta, coincidem num único ser. A obra da criação é, na verdade, somente uma faísca que escapou da obra profética da salvação, e a obra da salvação é somente um fragmento da criação angélica que se tornou consciente de si. O profeta é um anjo que, no mesmo impulso que o leva à ação, percebe inesperadamente na parte viva de sua carne a picada de uma exigência diferente. Por isso, as biografias antigas narram que Platão era, na origem, um poeta trágico que, enquanto se dirigia ao teatro para fazer com que se representasse ali a sua trilogia, ouviu a voz de Sócrates e queimou as suas tragédias.

6. Como gênio e talento, distintos e até mesmo opostos na origem, unem-se, no entanto, na obra do poeta, assim as duas obras, na medida em que representam os dois poderes de um único Deus, permanecem, de algum modo, secretamente unidas. O que decide sobre o estatuto da obra é, porém, mais uma vez, fruto não da criação e do talento, mas da assinatura que gênio e salvação imprimem sobre ela. Tal assinatura é o estilo, quase a força contrária que, na criação, resiste à criação e a desfaz, o contracanto que tapa a boca do anjo inspirado. E, vice-versa, na obra do profeta, o estilo é a assinatura que a criação, no ato de ser salva, deixa sobre a salvação, a opacidade e quase a insolência com que ela resiste à redenção, e quer permanecer até o fim profundamente noite e criatura e, desse modo, confere ao pensamento o seu teor.

Uma obra crítica ou filosófica, que não se mantém de alguma maneira numa relação essencial com a criação, está condenada a girar no vazio, assim como uma obra de arte ou de poesia, que não contém em si uma exigência crítica, está destinada ao esquecimento. Mas hoje, separadas em dois sujeitos diferentes, as duas *sunan* divinas procuram desesperadamente um ponto de encontro, um limiar de indiferença no qual possam reencontrar a sua unidade perdida. E o fazem trocando os seus papéis, que permanecem, todavia, implacavelmente divididos. No momento em que o problema da separação entre poesia e filosofia aflora com força pela primeira vez na consciência, Hölderlin evoca numa carta a Neuffer[2] a filosofia como um "hospital no qual o poeta desafortunado pode refugiar-se com honra".

---

[2] Christian Ludwig Neuffer (1769-1839) foi um poeta e teólogo alemão. Neuffer e Hölderlin estabeleceram amizade, em 1788, durante os seus estudos no Stift de Tübingen, escola universitária de teologia protestante. (N.T.)

Hoje o hospital da filosofia fechou as portas, e os críticos, transformados em "curadores", tomam imprudentemente o lugar dos artistas e simulam a obra da criação que estes deixaram cair, enquanto os artífices, que se tornaram inoperantes, dedicam-se com zelo a uma obra de redenção na qual não há mais nenhuma obra a salvar. Em ambos os casos, criação e salvação não riscam mais uma na outra a assinatura do seu conflito tenaz e amoroso. Não marcadas e divididas, oferecem-se reciprocamente um espelho no qual não podem reconhecer-se.

7. Qual é o sentido da divisão da práxis divina – e humana – em duas obras? E se, em última análise, apesar da sua diferença de estatuto, as duas parecem afundar a sua raiz num terreno e numa substância comuns, em que consiste a sua unidade? Talvez o único modo de reconduzi-las a uma raiz comum seja pensar a obra da salvação como aquela parte do poder de criar que ficou inoperante no anjo e que pode, portanto, voltar-se para si mesma. E como a potência antecipa o ato e o excede, assim a obra da redenção precede a da criação; e, todavia, a redenção não é mais que uma potência de criar permanecida pendente que se volta para si mesma, se "salva". Mas o que significa, aqui, "salvar"? Pois não há nada, na criação, que não esteja em última instância destinada a perder-se. Não só a parte daquilo que a cada instante é perdido e esquecido, o desperdício cotidiano dos pequenos gestos, das mínimas sensações, daquilo que atravessa a mente num relâmpago, das palavras gastas e dilapidadas excede de longe a piedade da memória e o arquivo da redenção; mas também as obras de arte e de engenho, fruto de um longo e paciente trabalho, estão cedo ou tarde condenadas a desaparecer.

É sobre essa massa imemorável, sobre o caos informe e exterminado do que se perde, que, segundo a tradição islâmica, Iblis, o anjo que não tem olhos senão para a obra da criação, não cessa de chorar. Chora porque não sabe que aquilo que se perde é de Deus, que quando todas as obras tiverem sido esquecidas e todos os signos e palavras tiverem se tornado ilegíveis, a obra da salvação restará sozinha, indelével.

8. O que é uma potência "salva", um poder fazer (e não fazer) que não passa simplesmente ao ato para se exaurir nele, mas que se conserva e habita (se "salva") como tal na obra? A obra da salvação coincide, aqui, ponto por ponto, com a obra da criação, que desfaz e descria no mesmo instante em que a conduz e acompanha no ser. Não há gesto nem palavra, não há cor nem timbre, não há desejo nem olhar que a salvação não suspenda e torne inoperosos no seu amoroso corpo a corpo com a obra. Aquilo que o anjo forma, produz e acaricia, o profeta reconduz ao informe e contempla. Os seus olhos veem o Salvo, mas apenas enquanto se perde no último dia. E como, na recordação, o amado está todo inesperadamente presente, mas sob a condição de estar desencarnado numa imagem, assim a obra da criação está agora em cada um de seus detalhes intimamente entretecida de não-ser.

Mas, nesse caso, o que é, então, propriamente salvo? Não a criatura, porque se perde, não pode senão se perder. Não a potência, porque esta não tem outra consistência além do descriar-se da obra. Antes, elas entram agora num limiar em que não podem mais, de modo algum, ser diferenciadas. Isso significa que a figura última da ação humana e divina é alguma coisa em que criação e salvação coincidem no insalvável. A coincidência só se dá, portanto, se não houver, para o profeta, nada a salvar, nem, para o anjo, nada mais a fazer. Ou seja, insalvável é a obra em que criação e salvação, ação e contemplação, operação e inoperosidade insistem sem resíduos e a cada instante no mesmo ser (e no mesmo não-ser). Daí o seu esplendor obscuro, que vertiginosamente se afasta de nós tal como uma estrela para não mais voltar.

9. O anjo que chora se faz profeta, o lamento do poeta sobre a criação se torna profecia crítica, isto é, filosofia. Mas precisamente agora que a obra da salvação parece recolher em si como inesquecível todo o imemorável, também ela se transforma. Ela, certamente, permanece, porque, diferentemente da criação, a obra da redenção é eterna. Como sobreviveu à criação, a sua exigência não se esgota, porém, no salvo, mas se perde no insalvável. Nascida de uma criação mantida em suspensão, acaba numa salvação imperscrutável e sem objeto.

Por isso se diz que o conhecimento supremo é o que chega muito tarde, quando não nos serve mais. Este, que sobreviveu às nossas obras, é o fruto extremo e mais precioso da nossa vida e, no entanto, de algum modo não nos diz mais respeito, tal como a geografia de um país que estamos prestes a deixar. É – pelo menos até que os homens tenham aprendido a fazer dele a sua festa mais bela, o seu sábado eterno – uma tarefa pessoal, a ser tratada rapidamente e em voz baixa. E deixa-nos com a sensação estranha de termos finalmente entendido o sentido das duas obras e da sua divisão inexplicável, e de não termos, por isso, nada mais a dizer.

O que é o contemporâneo?

1. A pergunta que gostaria de inscrever no limiar deste seminário[3] é: "De quem e de que somos contemporâneos? E, antes de tudo, o que significa ser contemporâneo?". No decorrer do seminário nos acontecerá lermos textos cujos autores distam de nós muitos séculos e de outros mais recentes ou recentíssimos: mas, em todo caso, essencial é que deveremos conseguir ser, de algum modo, contemporâneos desses textos. O "tempo" do nosso seminário é a contemporaneidade, e ele exige ser contemporâneo dos textos e dos autores que examina. Tanto a sua natureza como o seu êxito irão medir-se pela sua – pela nossa – capacidade de estarmos à altura dessa exigência.

Uma primeira e provisória indicação, para orientar a nossa procura por uma resposta, vem-nos de Nietzsche. Numa anotação dos seus cursos no Collège de France, Roland Barthes resume-a deste modo: "O contemporâneo é o intempestivo". Em 1874, Friedrich Nietzsche, um

---

[3] O texto retoma aquele da aula inaugural do curso de Filosofia Teorética 2006-2007 na Faculdade de Arte e Design do IUAV de Veneza.

jovem filólogo que havia trabalhado até então com textos gregos e havia alcançado, dois anos antes, uma celebridade repentina com *O nascimento da tragédia*, publica as *Unzeitgemässe Betrachtungen*, as "Considerações intempestivas", com as quais quer acertar as contas com o seu tempo, tomar posição em relação ao presente. "Intempestiva esta consideração o é", lê-se no início da segunda "Consideração", "porque procura compreender como um mal, um inconveniente e um defeito, alguma coisa da qual a época justamente se orgulha, isto é, a sua cultura histórica, porque penso que somos todos devorados pela febre da história e deveríamos pelo menos dar-nos conta disso". Nietzsche situa, portanto, a sua pretensão de "atualidade", a sua "contemporaneidade" em relação ao presente, numa desconexão e numa discordância. Pertence verdadeiramente ao seu tempo, é verdadeiramente contemporâneo aquele que não coincide perfeitamente com ele nem se adequa às suas exigências e é, por isso, nesse sentido, inatual; mas, precisamente por isso, exatamente através dessa separação e desse anacronismo, ele é capaz, mais que os outros, de perceber e de apreender o seu tempo.

Essa não coincidência, essa discronia, não significa, naturalmente, que contemporâneo seja aquele que vive num outro tempo, um nostálgico que se sente em casa mais na Atenas de Péricles ou na Paris de Robespierre e do Marquês de Sade que na cidade e no tempo em que lhe foi dado viver. Um homem inteligente pode odiar o seu tempo, mas sabe, em todo caso, que lhe pertence irrevogavelmente, sabe que não pode fugir do seu tempo.

A contemporaneidade é, assim, uma relação singular com o próprio tempo, que adere a ele e, ao mesmo tempo, toma distância dele; mais precisamente, essa é *a relação com o tempo que adere a ele através de uma dissociação e de um anacronismo*. Aqueles que coincidem muito plenamente com a época, que se ligam em todos os pontos perfeitamente com ela, não são contemporâneos porque, exatamente por isso, não conseguem vê-la, não podem manter fixo o olhar sobre ela.

2. Em 1923, Osip Mandel'štam escreve um poema que se intitula "O século" (mas a palavra russa *vek* significa também "época"). O poema traz uma reflexão não sobre o século, mas sobre a relação entre o poeta e o seu tempo, isto é, sobre a contemporaneidade. Não o "século", mas, segundo as palavras que abrem o primeiro verso, o "meu século" (*vek moi*):

> *Meu século, minha fera, quem poderá*
> *olhar-te dentro dos olhos*
> *e soldar com o seu sangue*
> *as vértebras de dois séculos?*

O poeta, que devia pagar a sua contemporaneidade com a vida, é aquele que deve manter fixo o olhar nos olhos do seu século-fera, soldar com o seu sangue a coluna fraturada do tempo. Os dois séculos, os dois tempos não são apenas, como foi sugerido, o século XIX e o século XX, mas também, e antes de tudo, o tempo da vida do indivíduo (lembrar que em latim *saeculum* significa originalmente o tempo da vida)[4] e o tempo histórico coletivo,

---

[4] Talvez, por isso, Haroldo de Campos, ao contrário do título dado à tradução italiana – "O século" –, tenha traduzido o título do poema por "A era". Aqui traduzi o poema diretamente do italiano para ressaltar o contraste com a tradução de Haroldo de Campos, que seguirá nas próximas notas. Em italiano, por outro lado, lê-se: "Mio secolo, mia belva, chi potrà/guardarti dentro gli occhi /e saldare col suo sangue/le vertebre di due secoli?". Na tradução de Haroldo de Campos, lê-se: "Minha era, minha fera, quem ousa/olhando nos teus olhos, com sangue,/colar a coluna de tuas

que chamamos, neste caso, o século XX, cuja coluna – aprendemos na última estrofe do poema – está fraturada. O poeta, como contemporâneo, é essa fratura, é o que impede o tempo de compor-se e, simultaneamente, o sangue que deve suturar a rotura. O paralelismo entre o tempo – e as vértebras – da criatura e o tempo – e as vértebras – do século constitui um dos temas essenciais do poema:

> *Enquanto vive a criatura*
> *deve carregar as suas vértebras,*
> *as ondas brincam*
> *com a invisível coluna vertebral.*
> *Como delicada, infantil cartilagem*
> *é o século neonato da terra.*[5]

O outro grande tema – também este, assim como o precedente, uma imagem da contemporaneidade – é o das vértebras quebradas do século e da sua sutura, que é obra do indivíduo (neste caso, do poeta):

> *Para liberar o século acorrentado*
> *para dar início ao novo mundo*
> *é necessário com a flauta reunir*
> *os joelhos nodosos dos dias.*[6]

---

vértebras?/Com cimento de sangue – dois séculos – que jorra da garganta das coisas?/Treme o parasita, espinha langue,/filipenso ao umbral de horas novas". Esta tradução pode ser encontrada em CAMPOS, Haroldo; CAMPOS, Augusto; PIGNATARI, Décio (Org.). *Poesia russa moderna.* São Paulo: Perspectiva, 2009, p. 210, e em PITHON, Mariana; CAMPOS, Nathalia (Org.). *Poemas russos.* Belo Horizonte: FALE-UFMG, 2011, p. 36 (Viva Voz). (N.T.)

[5] "Todo ser enquanto a vida avança/deve suportar esta cadeia/oculta de vértebras. Em torno/jubila uma onda. E a vida como/frágil cartilagem de criança/parte seu ápex: morte da ovelha,/a idade da terra em sua infância." (N.T.)

[6] "Junta as partes nodosas dos dias:/soa a flauta, e o mundo está liberto,/soa a flauta, e a vida se recria./Angústia! A onda do tempo

Que se trate de uma tarefa inexecutável – ou, de qualquer modo, paradoxal – está provado pela estrofe sucessiva, que conclui o poema. Não só a época-fera tem as vértebras quebradas, mas *vek*, o século recém-nascido, com um gesto impossível para quem tem a coluna fraturada, quer se virar para trás, contemplar as próprias pegadas e, desse modo, mostra o seu rosto demente:

> Mas está quebrada a tua coluna
> meu estupendo, pobre século.
> Com um sorriso insensato
> como uma fera um tempo flexível
> te voltas para trás, débil e cruel,
> para contemplar as tuas pegadas.[7]

3. O poeta – o contemporâneo – deve manter fixo o olhar no seu tempo. Mas o que vê, quem vê o seu tempo, o sorriso demente do seu século? Gostaria, neste momento, de propor-lhes uma segunda definição da contemporaneidade: contemporâneo é aquele que mantém fixo o olhar no seu tempo, para perceber não as suas luzes, mas a escuridão. Todos os tempos são, para quem os experimenta na sua contemporaneidade, obscuros. Contemporâneo é, exatamente, aquele que sabe ver essa obscuridade, que é capaz de escrever mergulhando a pena nas trevas do presente. Mas o que significa "ver as trevas", "perceber a escuridão"?

---

oscila/batida pelo vento do século./E a víbora na relva respiração/o ouro da idade, áurea medida." (N.T.)

[7] "Vergônteas de nova primavera!/Mas a espinha partiu-se da fera,/Bela era lastimável. Era,/Ex-pantera flexível, que volve/para trás, riso absurdo, e descobre/dura e dócil, na meada dos rastros,/as pegadas de seus próprios passos." (N.T.)

Uma primeira resposta nos é sugerida pela neurofisiologia da visão. O que ocorre quando nos encontramos num ambiente privado de luz ou quando fechamos os olhos? O que é, então, a escuridão que vemos? Os neurofisiologistas nos dizem que a ausência de luz desinibe uma série de células periféricas da retina, ditas precisamente *off-cells*, que entram em atividade e produzem aquela espécie particular de visão que chamamos a escuridão. Esta não é, portanto, um conceito privativo, a simples ausência da luz, algo como uma não visão, mas o resultado da atividade das *off-cells*, um produto da nossa retina. Isso significa, se voltarmos agora à nossa tese sobre a escuridão da contemporaneidade, que perceber tal escuridão não é uma forma de inércia ou de passividade, mas implica uma atividade e uma habilidade especiais, que, no nosso caso, equivalem a neutralizar as luzes que provêm da época para descobrir as suas trevas, a sua escuridão especial, que não é, porém, separável daquelas luzes.

Pode dizer-se contemporâneo apenas quem não se deixa cegar pelas luzes do século e consegue distinguir nelas a parte da sombra, a sua íntima obscuridade. Com isso, todavia, ainda não respondemos a nossa pergunta. Por que conseguir perceber as trevas que provêm da época deveria nos interessar? Não é talvez a escuridão uma experiência anônima e, por definição, impenetrável, algo que não está direcionado a nós e não pode, por isso, dizer-nos respeito? Ao contrário, o contemporâneo é aquele que percebe a escuridão do seu tempo como algo que lhe diz respeito e não cessa de interpelá-lo, alguma coisa que, mais que qualquer luz, dirige-se direta e singularmente a ele. Contemporâneo é aquele que recebe diretamente no rosto o facho de trevas que provêm do seu tempo.

4. No firmamento que olhamos à noite, as estrelas resplandecem circundadas por uma treva densa. Uma vez que no universo há um número infinito de galáxias e de corpos luminosos, a escuridão que vemos no céu é algo que, segundo os cientistas, necessita de uma explicação. É precisamente da explicação que a astrofísica contemporânea dá para essa escuridão que gostaria agora de lhes falar. No universo em expansão, as galáxias mais remotas distanciam-se de nós a uma velocidade tão grande que a sua luz não consegue nos alcançar. O que percebemos como a escuridão do céu é essa luz que viaja velocíssima em nossa direção e, entretanto, não pode nos alcançar, porque as galáxias das quais provém se distanciam a uma velocidade superior àquela da luz.

Perceber na escuridão do presente essa luz que procura nos alcançar e não pode fazê-lo, isso significa ser contemporâneo. Por isso os contemporâneos são raros. E por isso ser contemporâneo é, antes de tudo, uma questão de coragem: porque significa ser capaz não só de manter fixo o olhar na escuridão da época, mas também de perceber nessa escuridão uma luz que, dirigida até nós, afasta-se infinitamente de nós. Ou ainda: ser pontual a um compromisso ao qual só podemos faltar.

Por isso o presente que a contemporaneidade percebe tem as vértebras quebradas. O nosso tempo, o presente, não é, de fato, somente o mais distante: não pode em nenhum caso nos alcançar. A sua coluna está fraturada e nós nos mantemos exatamente no ponto da fratura. Por isso, apesar de tudo, somos seus contemporâneos. Compreendam bem que o compromisso que está em questão na contemporaneidade não tem lugar simplesmente no tempo cronológico: é, no tempo cronológico, algo que urge dentro dele e o transforma. E tal urgência é a intempestividade, o anacronismo que nos permite apreender o tempo na forma de um "muito cedo" que é, também, um "muito tarde", de um "já" que é, igualmente, um "ainda não". E, ao mesmo tempo, reconhecer nas trevas do presente a luz que, sem nunca poder nos alcançar, está perenemente viajando em nossa direção.

5. Um bom exemplo dessa experiência especial do tempo que chamamos a contemporaneidade é a moda. O que define a moda é que ela introduz no tempo uma descontinuidade peculiar, que o divide segundo a sua atualidade ou inatualidade, o seu estar ou o seu não-estar--mais-na-moda (*na* moda e não simplesmente *de* moda, que se refere somente às coisas). Essa cesura, por mais sutil, é perspícua, no sentido de que aqueles que devem percebê-la a percebem impreterivelmente e, precisamente desse modo, atestam o seu estar na moda; mas se procuramos objetivá-la e fixá-la no tempo cronológico, revela-se inapreensível. Antes de tudo, o "agora" da moda, o instante em que vem a ser, não é identificável através de nenhum cronômetro. Esse "agora" é talvez o momento em que o estilista concebe o traço, a nuança que definirá a nova forma da veste? Ou o momento em que a confia ao desenhista e em seguida à alfaiataria que confecciona o seu protótipo? Ou, antes, o momento do desfile, em que a veste é usada pelas únicas pessoas que estão sempre e somente na moda, as manequins, que, no entanto, exatamente por isso, nunca estão verdadeiramente na moda? Visto que, em última instância, o estar na moda da "forma", ou do "feitio", dependerá do fato de que algumas pessoas em carne e osso, diferentes das manequins – essas vítimas sacrificiais de um deus sem rosto –, reconheçam-na como tal e façam suas próprias vestes a partir dela.

O tempo da moda está, portanto, constitutivamente em antecipação em relação a si mesmo e, exatamente por isso, também sempre em atraso, tem sempre a forma de um limiar inapreensível entre um "ainda não" e um "não mais". É provável que, como sugerem os teólogos, isso dependa do fato de que a moda, pelo menos na nossa cultura, é uma assinatura teológica da veste, que deriva do fato de que a primeira veste foi confeccionada por Adão e Eva depois do pecado original, na forma de uma tanga entrelaçada com folhas de figueira (mais precisamente, as vestes que derivam não dessa tanga vegetal, mas das *tunicae pelliceae*, das vestes feitas de peles de animais que Deus, segundo *Gên*. 3, 21, faz com que vistam, como símbolo tangível do pecado e da morte, os nossos progenitores no momento em que os expulsa do Paraíso). Em todo caso, qualquer que seja a razão disso, o "agora", o *kairos* da moda é inapreensível: a frase "eu estou neste instante na moda" é contraditória, porque no momento em que o sujeito a pronuncia, ele já está fora de moda. Por isso, o estar na moda, assim como a contemporaneidade, comporta um certo "azo",[8] um certo desvio, em que a sua atualidade

---

[8] Aqui adoto a mesma tradução que Cláudio Oliveira realiza para o termo *agio*, que intitula um dos ensaios de *A comunidade que vem*, explicitando numa nota do tradutor a sua decisão: "Azo, em português, tem a mesma origem etimológica do italiano *agio*, que dá título a este capítulo. Ambos têm em comum o sentido de 'oportunidade'. Mas, em italiano, *agio* tem ainda o sentido de 'comodidade', 'conforto', em comum com o francês *aise*, cuja origem etimológica é a mesma do latino *adjacens*, particípio presente de *adjaceo*, 'jazer perto', 'estar deitado ao lado'. Daí, também, o sentido de 'ser vizinho a'. A mesma raiz latina gerou, além dos termos em português, francês e italiano, o provençal *aize*. Apesar da origem etimológica comum, o português 'azo' tem uso mais restrito que seus correspondentes italiano e francês. Mas, como Agamben visa, neste capítulo, sobretudo o sentido etimológico da palavra, julgamos que 'azo' seria uma tradução adequada. Sobretudo porque,

inclui dentro de si uma pequena parte do seu fora, uma tonalidade *démodé*. De uma senhora elegante dizia-se em Paris, no século XIX, nesse sentido: "*Elle est contemporaine de tout le monde*".[9]

Mas a temporalidade da moda tem outra característica que a aparenta à contemporaneidade. No próprio gesto em que o seu presente divide o tempo segundo um "não mais" e um "ainda não", ela institui com esses "outros tempos" – certamente com o passado e, talvez, também com o futuro – uma relação particular. Ou seja, ela pode "citar" e, desse modo, ritualizar qualquer momento do passado (os anos 1920, os anos 1970, mas também a moda imperial ou neoclássica). Pode, ainda, colocar em relação o que dividiu inexoravelmente, chamar novamente, re-evocar e revitalizar aquilo que havia até mesmo declarado morto.

6. Essa relação especial com o passado tem também outro aspecto. A contemporaneidade inscreve-se, de fato, no presente assinalando-o antes de tudo como arcaico, e só quem percebe no mais moderno e recente os índices e as assinaturas do arcaico pode dele ser contemporâneo. Arcaico significa: próximo à *arché*, isto é, à origem. Mas a origem não está situada apenas num passado cronológico:

---

em seu uso mais constante em português, na expressão 'dar azo a', 'azo' indica o espaço ao lado que uma coisa dá a outra, como, por exemplo, na frase: 'as disputas familiares deram azo à sua partida', em que uma coisa dá azo a outra, isto é, dá a ocasião, a oportunidade, o espaço ao lado para que a outra aconteça. É nesse sentido que devemos pensar a relação de vizinhança estabelecida pela noção de azo" (AGAMBEN, Giorgio. *A comunidade que vem*. Belo Horizonte: Autêntica Editora, 2013, p. 29). (N.T.)

[9] Em francês no original, tradução: "Ela é contemporânea de todo mundo". (N.T.)

é contemporânea ao devir histórico e não cessa de operar nele, assim como o embrião continua a agir nos tecidos do organismo maduro, e a criança, na vida psíquica do adulto. A separação e, ao mesmo tempo, a proximidade – que definem a contemporaneidade – têm o seu fundamento nessa proximidade com a origem, que em nenhum ponto pulsa com mais força que no presente. Quem viu pela primeira vez, ao chegar pelo mar durante a alvorada, os arranha-céus de Nova York logo percebeu essa *facies* arcaica do presente, essa contiguidade com a ruína que as imagens atemporais do 11 de Setembro tornaram evidente para todos.

Os historiadores da literatura e da arte sabem que entre o arcaico e o moderno há um compromisso secreto, e não tanto porque precisamente as formas mais arcaicas parecem exercer sobre o presente um fascínio particular quanto porque a chave do moderno está oculta no imemorial e no pré-histórico. Assim, o mundo antigo no seu fim volta-se, para se reencontrar, aos primórdios; a vanguarda, que se perdeu no tempo, persegue o primitivo e o arcaico. É nesse sentido que se pode dizer que a via de acesso ao presente tem necessariamente a forma de uma arqueologia que não regride, porém, a um passado remoto, mas ao que no presente não podemos de forma alguma viver e, restando não vivido, é incessantemente tragado em direção à origem, sem jamais poder alcançá-la. Já que o presente não é outra coisa senão a parte de não vivido em todo vivido, e o que impede o acesso ao presente é exatamente a massa daquilo que, por alguma razão (o seu caráter traumático, a sua extrema proximidade), nele não conseguimos viver. A atenção a esse não vivido é a vida do contemporâneo. E ser contemporâneo significa, nesse sentido, voltar a um presente em que jamais estivemos.

7. Aqueles que procuraram pensar a contemporaneidade puderam fazê-lo apenas sob a condição de cindi-la em mais tempos, de introduzir no tempo uma desomogeneidade essencial. Quem pode dizer "o *meu* tempo" divide o tempo, inscreve neste uma cesura e uma descontinuidade; e, no entanto, exatamente através dessa cesura, dessa interpolação do presente na homogeneidade inerte do tempo linear, o contemporâneo coloca em ação uma relação especial entre os tempos. Se, como vimos, é o contemporâneo que quebrou as vértebras de seu tempo (ou, de qualquer modo, percebeu a sua falha ou o seu ponto de ruptura), ele faz dessa fratura o lugar de um compromisso e de um encontro entre os tempos e as gerações. Nada mais exemplar, nesse sentido, que o gesto de Paulo, no ponto em que dirige e anuncia aos seus irmãos aquela contemporaneidade por excelência que é o tempo messiânico, o ser contemporâneo do messias, que ele chama precisamente de o "tempo-de-agora" (*ho nyn kairos*). Não só esse tempo é cronologicamente indeterminado (o retorno de Cristo, a *parusia*, que assinala o fim desse tempo, é certo e próximo, mas incalculável), mas ele também tem a capacidade singular de colocar em relação consigo mesmo qualquer instante do passado, de fazer de cada momento ou episódio da narrativa bíblica uma profecia ou uma prefiguração (*typos*, "figura", é o termo que Paulo prefere) do presente (assim Adão, de quem a humanidade recebeu a morte e o pecado, é "tipo", ou figura, do messias, que leva aos homens a redenção e a vida).

Isso significa que o contemporâneo não é apenas aquele que, percebendo a escuridão do presente, apreende a sua luz inalienável; é também aquele que, dividindo e interpelando o tempo, é capaz de transformá-lo e de relacioná-lo com os outros tempos, de nele ler de modo inédito a história, de "citá-la" segundo uma necessidade que não provém de maneira alguma do seu arbítrio, mas de uma exigência à qual não pode não responder. É como se aquela luz invisível, que é a escuridão do presente, projetasse a sua sombra sobre o passado, e este, tocado por esse facho de sombra, adquirisse a capacidade de responder às trevas do agora. É algo do gênero o que devia ter em mente Michel Foucault, quando escrevia que as suas investigações históricas sobre o passado são apenas a sombra produzida pela sua interrogação teórica do presente. E Walter Benjamin, quando escrevia que o índice histórico contido nas imagens do passado mostra que estas chegarão à legibilidade somente num determinado momento da sua história. É da nossa capacidade de dar ouvidos a essa exigência e àquela sombra, de sermos contemporâneos não exclusivamente do nosso século e do "agora", mas também das suas figuras nos textos e nos documentos do passado, que dependerão o êxito ou o insucesso do nosso seminário.

I. *Kalumniator*

1. No processo romano, no qual a acusação pública tinha um papel limitado, a calúnia representava para a administração da justiça uma ameaça muito grave, tanto que o falso acusador era punido com uma marca na sua testa com a letra K (inicial de *kalumniator*). É mérito de Davide Stimilli[10] ter mostrado a importância desse fato para a interpretação de *O processo*, de Kafka, que o *incipit* apresenta sem reservas como um processo calunioso ("Alguém certamente havia caluniado Josef K. pois uma manhã ele foi detido sem ter feito mal algum").[11] K., sugere Stimilli,

---

[10] Davide Stimilli é professor de Literatura Alemã e Comparada e Estudos Judaicos na Universidade do Colorado. Estudou Filosofia em Pisa e Literatura Comparada em Yale, ensinou na Universidade de Porto Rico e na Universidade Northwestern. Publicou *Fisionomia di Kafka* (2001), *The Face of Immortality: Physiognomy and Criticism* (2005), *La guarigione infinita: storia clinica di Aby Warburg* (2005) e uma edição de escritos de Aby Warburg, *Per monstra ad sphaeram* (2008). (N.T.)

[11] KAFKA, Franz. *O processo*. Tradução e posfácio de Modesto Carone. São Paulo: Companhia das Letras, 2005, p. 7. (N.T.)

lembrando que Kafka havia estudado história do direito romano enquanto se preparava para a profissão jurídica, não está, segundo a opinião comum que remonta a Max Brod, para Kafka, mas para calúnia.

2. Que a calúnia represente a chave do romance – e, talvez, de todo o universo kafkiano, tão poderosamente marcado pelas potências míticas do direito – torna-se, porém, ainda mais iluminador se observarmos que, a partir do momento em que a letra K. não está simplesmente para *kalumnia*, mas se refere ao *kalumniator*, ou seja, ao falso acusador, isso só pode significar que o falso acusador é o próprio protagonista do romance, que, por assim dizer, moveu um processo calunioso contra si próprio. O "alguém" (*jemand*) que, com a sua calúnia, deu início ao processo é o próprio Josef K.

Mas isso é precisamente o que uma leitura atenta do romance mostra para além de qualquer dúvida. De fato, embora K. saiba desde o início que não está absolutamente certo de que o tribunal o tenha acusado ("Não posso absolutamente lhe dizer que é acusado, ou melhor: não sei se o é",[12] diz-lhe já na primeira conversa o inspetor) e que, de alguma forma, a sua condição de "detido" não implica mudança alguma na sua vida, ele procura de todos os modos penetrar nos edifícios do tribunal (que não são tais, mas se encontram em sótãos, em depósitos ou em lavanderias – que, talvez, somente o seu olhar transforme em tribunais) e provocar um processo que os juízes não parecem ter qualquer intenção de iniciar. Que não se trate, de resto, de um processo verdadeiro, mas que o processo apenas exista na medida em que o reconhece, é

---

[12] KAFKA. *O processo*, p. 17. (N.T.)

o que K. concede temerariamente ao juiz instrutor durante o primeiro inquérito. E, no entanto, não hesita em dirigir-se ao tribunal mesmo quando não foi convocado e, precisamente nessa ocasião, admite sem necessidade ser acusado. Assim como, durante a conversa com a senhorita Bürstner, não havia hesitado em sugerir-lhe que o acusasse falsamente de agressão (portanto, de algum modo, havia se autocaluniado). E é precisamente isso que, em última análise, o capelão do presídio deixa entender a K. como conclusão da sua longa conversa na catedral: "O tribunal não quer nada de você: ele o acolhe quando você vem e o deixa quando você vai".[13] Ou seja: "O tribunal não o acusa, mas apenas acolhe a acusação que você faz de si mesmo".

3. Cada homem intenta um processo calunioso contra si próprio. Esse é o ponto a partir do qual Kafka se move. Por isso, o seu universo não pode ser trágico, mas apenas cômico: a culpa não existe – ou, melhor, a única culpa é a autocalúnia, que consiste em acusar-se de uma culpa inexistente (ou seja, da própria inocência, e é esse o gesto cômico por excelência).

Isso está em acordo com o princípio, enunciado em algum lugar por Kafka, segundo o qual "o pecado original, o erro antigo que o homem cometeu, consiste na acusação que faz e da qual não desiste, de que ele tenha sofrido uma injustiça, de que o pecado original tenha sido cometido contra ele". Também aqui, assim como na calúnia, a culpa não é a causa da acusação, mas se identifica com esta.

Há calúnia, de fato, apenas se o acusador estiver convencido da inocência do acusado, se acusa sem que haja alguma culpa a ser averiguada. No caso da autocalúnia, tal

---

[13] KAFKA. *O processo*, p. 222. (N.T.)

convicção torna-se ao mesmo tempo necessária e impossível. O acusado, na medida em que se autocalunia, sabe perfeitamente ser inocente, mas, quando se acusa, sabe igualmente bem ser culpado de calúnia, sabe-se merecedor da sua marca. Essa é a situação kafkiana por excelência. Mas por que K. – por que todo homem – se autocalunia, acusa-se falsamente?

4. A calúnia era percebida pelos juristas romanos como um desvio (eles usavam o termo *temeritas*, de *temere*, "às cegas, ao acaso", etimologicamente aparentado com treva) da acusação. Mommsen[14] observava que o verbo *accusare* não parece ser na origem um termo técnico do direito e, nos testemunhos mais antigos (por exemplo, em Plauto e Terêncio), é muito mais usado em sentido moral que jurídico. Mas precisamente nessa sua função limiar em relação ao direito, a acusação revela a sua importância decisiva.

O processo romano tem início, efetivamente, com a *nominis delatio*, a inscrição, como obra do acusador, do nome do denunciado na lista dos acusados. *Accusare* deriva etimologicamente de *causa* e significa "chamar em causa". Mas *causa* é, em certo sentido, um termo jurídico fundamental, porque nomeia a implicação de qualquer coisa no direito (como *res* significa a implicação de algo na linguagem), o fato de que qualquer coisa seja fundamento de uma situação jurídica. Instrutiva é, nessa perspectiva, a relação entre *causa* e *res*, que, em latim, significa "coisa, negócio". Ambas pertencem ao vocabulário do direito e

---

[14] Christian Matthias Theodor Mommsen (1817-1903), historiador alemão que recebeu o Nobel de Literatura, em 1902, pelo seu estudo *Römische Geschichte* [*História de Roma*], publicado em três volumes entre 1854 e 1856. (N.T.)

designam aquilo que está em questão num processo (ou numa relação jurídica). Mas, nas línguas neolatinas, *causa* é substituído progressivamente por *res* e, depois de ter designado na terminologia algébrica a incógnita (assim como *res*, em francês, sobrevive apenas na forma *rien*, "nada"), dá lugar ao termo "coisa" (*chose* em francês). A "coisa", essa palavra tão neutra e genérica, nomeia, na realidade, "o que está em causa", aquilo de que se trata na lei (e na linguagem).

A gravidade da calúnia é, portanto, função do seu revocar em questão o próprio princípio do processo: o momento da acusação. Porque nem a culpa (que no direito arcaico não é necessária) nem a pena definem o processo, mas, sim, a acusação. Aliás, a acusação é talvez a "categoria" jurídica por excelência (*kategoria* significa em grego "acusação"), aquela sem a qual toda a edificação do direito viria a faltar: a chamada em causa do ser no direito. Ou seja, o direito é, na sua essência, acusação, "categoria". E o ser chamado em causa, "acusado" no direito, perde a sua inocência, torna-se "coisa", isto é, causa, objeto de litígio (para os romanos, *causa*, *res* e *lis* eram, nesse sentido, sinônimos).

5. A autocalúnia faz parte da estratégia de Kafka no seu incessante corpo a corpo com a lei. Ela coloca em questão, antes de tudo, a culpa, o princípio segundo o qual não há pena sem culpa. E, com esta, também a acusação, que na culpa se funda (a ser acrescentado ao catálogo das tolices brodianas: Kafka não se ocupa da graça, mas do seu oposto, a acusação). "Como pode, em geral, um ser humano ser culpado?",[15] pergunta Josef K. ao capelão da

---

[15] KAFKA. *O processo*, p. 211. (N.T.)

prisão. E o capelão parece lhe dar de algum modo razão ao dizer que não há sentença, mas que "é o próprio processo que se converte aos poucos em veredicto".[16] Um jurista moderno escreveu, no mesmo sentido, que, no mistério do processo, o princípio *nulla poena sine iudicio* se inverte neste outro, mais tenebroso, segundo o qual não há julgamento sem pena, porque toda a pena está no julgamento. "Ter um processo desses", diz o tio num certo momento a Kafka, "já significa tê-lo perdido".[17]

Isso é evidente na autocalúnia e, em geral, no processo calunioso. Este é uma causa na qual não há nada em causa, na qual o que vem a ser chamado em causa é a própria chamada em causa, ou seja, a acusação como tal. E onde a culpa consiste em dar início ao processo, a sentença não poder ser senão o próprio processo.

6. Além da calúnia, os juristas romanos conheciam outras duas *temeritates* ou obscurecimentos da acusação: a *praevaricatio*, isto é, a colusão entre acusador e acusado, simetricamente oposta à calúnia, e a *tergiversatio*, a desistência da acusação (para os romanos, que viam uma analogia entre guerra e processo, a desistência da acusação era uma forma de deserção – *tergiversare* significa originalmente "virar as costas").

Josef K. é culpado de todas as três: porque se calunia, porque, enquanto se autocalunia, faz conluio consigo mesmo e porque não é solidário com a sua acusação (nesse sentido, "tergiversa", procura escapatórias e perde tempo).

---

[16] KAFKA. *O processo*, p. 212. (N.T.)

[17] O tio de K. refere-se a um ditado, que diz: "Quando se olha para você, quase que acredita no ditado: 'Ter um processo desses já significa tê-lo perdido'" (KAFKA. *O processo*, p. 99. (N.T.)

7. Compreende-se, então, a sutileza da autocalúnia, como estratégia que tende a desativar e a tornar inoperosa a acusação, a chamada em causa que o direito dirige ao ser. Pois se a acusação é falsa e se, por outro lado, acusador e acusado coincidem, então é a própria implicação fundamental do homem no direito que é revocada em questão. O único modo de afirmar a sua inocência diante da lei (e diante das potências que a representam: o pai, o casamento) é, nesse sentido, acusar-se falsamente.

Que a calúnia possa ser uma arma de defesa na luta contra as autoridades é dito claramente pelo outro K., o protagonista de *O castelo*: "Seria um meio de defesa relativamente inocente, mas afinal também insuficiente". Da insuficiência dessa estratégia Kafka é, de fato, plenamente consciente. Pois o direito responde transformando em crime a mesma chamada em causa e faz da autocalúnia o seu fundamento. Ou seja, o direito não apenas pronuncia a condenação no mesmo momento em que reconhece a inconsistência da acusação, mas também transforma o subterfúgio do autocaluniador na sua justificação eterna. Dado que os homens não cessam de caluniar a si próprios e aos outros, então o direito (isto é, o processo) é necessário para averiguar quais acusações são fundadas e quais não o são. Desse modo, o direito pode justificar-se a si próprio, apresentando-se como um baluarte contra o delírio autoacusatório dos homens (e, em alguma medida, ele realmente agiu como tal, por exemplo em relação à religião). E mesmo se o homem fosse sempre inocente, se nenhum homem, em geral, pode ser declarado culpado, sempre permaneceria, também, como pecado original a autocalúnia, a acusação sem fundamento que ele dirige a si mesmo.

8. É importante distinguir autocalúnia de confissão. Quando Leni procura induzi-lo a confessar, sugerindo-lhe que só quando a culpa é confessada, "só aí existe a possibilidade de escapar dela",[18] K. declina rapidamente do convite. Contudo, num certo sentido, todo o processo tem por objetivo produzir a confissão, que, já no direito romano, vale como uma espécie de autocondenação. Aquele que confessou, diz um adágio jurídico, já está julgado (*confessus pro iudicato*), e a equivalência entre confissão e autocondenação é afirmada sem reservas por um dos mais notáveis juristas romanos: quem confessa, por assim dizer, condena-se a si próprio (*quodammodo sua sententia damnatur*). Mas aquele que se acusou falsamente, enquanto acusado, está por isso mesmo na impossibilidade de confessar, e o tribunal só pode condená-lo como acusador se reconhece a sua inocência como acusado.

A estratégia de K. pode ser definida, nesse sentido, mais precisamente como a tentativa falida de tornar impossível não o processo, mas a confissão. De resto, afirma um fragmento de 1920, "confessar a própria culpa e mentir são a mesma coisa. Para poder confessar se mente". Ou seja, Kafka parece inscrever-se numa tradição que, contra o favor do qual ela goza na cultura judaico-cristã, recusa decididamente qualquer confissão, de Cícero, que a definia como "repugnante e perigosa" (*turpis et periculosa*), a Proust, que aconselhava candidamente: "Nunca confessem" (*N'avouez jamais*).

9. Na história da confissão, particularmente significativa é a sua ligação com a tortura, à qual Kafka não podia não ser sensível. Enquanto, no direito do período

---

[18] KAFKA. *O processo*, p. 111. (N.T.)

republicano, a confissão era admitida com reservas e servia muito mais para defender o acusado, no período imperial, sobretudo para os crimes contra o poder (complô, traição, conspiração, impiedade contra o príncipe), mas também para o adultério, para a magia e para a adivinhação ilícita, o procedimento penal implicava a tortura do acusado e dos seus escravos com o intuito de extorquir a confissão deles. "Arrancar a verdade" (*veritatem eruere*) é a insígnia da nova racionalidade judicial que, ligando estritamente confissão e verdade, faz da tortura, nos casos de lesa-majestade estendida também às testemunhas, o instrumento probatório por excelência. Daí o nome *quaestio*, que a designa nas fontes jurídicas: a tortura é inquérito sobre a verdade (*quaestio veritatis*) e é como tal que será retomada pela Inquisição medieval.

Ao ser introduzido na sala da audiência, o acusado sofria um primeiro interrogatório. Após as primeiras hesitações ou contradições, ou também somente porque se declarava inocente, o juiz mandava aplicar-lhe a tortura. O acusado era deitado de costas sobre um cavalete (*eculeus*, "pequeno cavalo" – o termo alemão para tortura, *Folter*, deriva por isso de *Fohlen*, "potro"), com os braços estendidos para trás em direção ao alto e as mãos amarradas com uma corda que passava por uma roldana, de modo que, alçando-o, o algoz (*quaestionarius*, *tortor*) podia provocar a luxação das clavículas. Além dessa primeira fase, da qual a tortura derivava o seu nome (de *torqueo*, "torcer até quebrar"), ela também implicava habitualmente a fustigação e a laceração mediante ganchos e rastelo.[19] O encarniçamento à "procura

---

[19] O "rastelo" (*erpici di ferro*) é um instrumento usado na agricultura; constituído por pontas de ferro na parte inferior, ajuda a aplanar a terra e a cobrir as sementes já lavradas. Seu uso remonta à Idade Média. (N.T.)

da verdade" era tal que a tortura podia ser prolongada por vários dias, até a obtenção da confissão.

A passo igual com a difusão da prática da tortura, a confissão interioriza-se e, da verdade arrancada à força pelo algoz, torna-se algo que o sujeito é forçado pela sua consciência a declarar espontaneamente. As fontes registram com surpresa os casos de pessoas que confessam sem serem acusadas ou depois de terem sido absolvidas num processo; também nesses casos, todavia, a confissão, como "voz da consciência" (*confessio conscientiae vox*), tem valor probatório e implica a condenação do confesso.

10. É exatamente a ligação essencial entre tortura e verdade que parece atrair quase morbidamente a atenção de Kafka. "Sim, a tortura para mim é importantíssima", escreve, em novembro de 1920, a Milena, "não me ocupo de outra coisa que não seja ser torturado e torturar. Por quê? [...] para conhecer a partir daquela boca maldita a palavra maldita". Dois meses antes, anexa à sua carta uma folhinha com o desenho de uma máquina de tortura de sua invenção, cujo funcionamento esclarece com as seguintes palavras: "Quando o homem está assim amarrado, as duas varas são empurradas lentamente para o lado de fora até ele se partir em dois". E que a tortura sirva para extorquir a confissão ele o confirma poucos dias antes, comparando a sua condição àquela de um homem cuja cabeça é apertada em um torno com duas tarraxas sobre as suas têmporas: "A diferença está apenas nisto: [...] para começar a gritar não espero que me apliquem as tarraxas com o intuito de me arrancarem a confissão, já começo a gritar logo que se aproximam de mim".

Que não se tratava de um interesse episódico está provado pela narrativa *Na colônia penal*, que Kafka escreve em poucos dias, em outubro de 1914, interrompendo a escrita de *O processo*. O "aparelho" inventado pelo "velho comandante" é, de fato, ao mesmo tempo, uma máquina de tortura e um instrumento de execução da pena capital (é o próprio oficial que o sugere, quando, antecipando uma possível objeção, diz: "No meu país só houve torturas na Idade Média").[20] É precisamente enquanto une em si mesma essas duas funções que a pena aplicada pela máquina coincide com uma *quaestio veritatis* particular, na qual não é o juiz, mas o acusado que descobre a verdade, decifrando a escrita que o rastelo lhe incide sobre a carne. "O entendimento ilumina até o mais estúpido. Começa em volta dos olhos. A partir daí se espalha. Uma visão que poderia seduzir alguém a se deitar embaixo do rastelo. Mais nada acontece, o homem simplesmente começa a decifrar a escrita, faz bico com a boca como se estivesse escutando. O senhor viu como não é fácil decifrar a escrita com os olhos; mas o nosso homem a decifra com os seus ferimentos. É um trabalho difícil, lhe são necessárias seis horas para completá-lo. Mas aí o rastelo o atravessa de lado a lado e o atira no fosso, onde cai de estalo sobre o sangue misturado à água e sobre o algodão".[21]

11. A novela *Na colônia penal* foi escrita durante a redação de *O processo*, e a situação do condenado apresenta mais de uma analogia com a de K. Assim como K. não sabe de que é acusado, também na novela o condenado não sabe que o é. E tampouco conhece a sentença ("Anunciar-lhe a sentença", explica o oficial, "seria inútil. Ele vai

---

[20] KAFKA, Franz. *Na colônia penal*. Tradução e posfácio de Modesto Carone. São Paulo: Companhia das Letras, 1998, p. 53. (N.T.)

[21] KAFKA, Franz. *Na colônia penal*, p. 44-45. (N.T.)

experimentá-la na própria carne").[22] Ambas as histórias parecem terminar com a execução de uma sentença capital (que, na novela, o oficial parece infligir a si mesmo em vez de ao condenado). Mas é precisamente a obviedade de tal conclusão que é necessário colocar em questão. Que não se trata de uma execução, mas apenas de uma tortura, está dito na novela claramente no momento em que a máquina se quebra e não é mais capaz de desenvolver a sua função: "já não era mais uma tortura, como pretendia o oficial, e sim assassinato direto".[23] O verdadeiro objetivo da máquina é, portanto, a tortura como *quaestio veritatis*; a morte, como frequentemente acontece na tortura, é somente um efeito colateral da descoberta da verdade. Quando a máquina não é mais capaz de fazer com que o condenado possa decifrar a verdade na sua própria carne, a tortura cede lugar a um simples homicídio.

É nessa perspectiva que devemos reler o capítulo final de *O processo*. Também nesse caso, não se trata da execução de uma sentença, mas de uma cena de tortura. Os dois homens com cartola, que K. acredita serem atores de segunda categoria ou realmente "tenores", não são algozes em sentido técnico, mas *quaestionarii*, que procuram arrancar-lhe uma confissão que até aquele momento ninguém lhe havia pedido (se é verdade que K. se autoacusou falsamente, talvez seja exatamente a confissão dessa calúnia que eles querem extorquir-lhe). Isso é confirmado pela descrição curiosa do primeiro contato físico deles com K., que lembra, embora verticalmente, a tensão dos braços e a posição do acusado na *quaestio*: "Eles mantinham os ombros ajustados atrás dos seus, não dobravam os braços, mas os usavam para enlaçar os braços de K. em toda a sua

---

[22] KAFKA, Franz. *Na colônia penal*, p. 36. (N.T.)
[23] KAFKA, Franz. *Na colônia penal*, p. 67. (N.T.)

extensão; embaixo, agarravam as mãos de K. com um pressão escolada, adestrada e irresistível. K. andava entre os dois rigidamente esticado, agora os três formavam uma tal unidade que, se se quisesse abater um deles [*zerschlagen hätte*], todos seriam abatidos".[24]

Também a cena final, com K. deitado sobre a pedra "numa posição muito forçada e improvável", é mais um ato de tortura mal realizado que uma execução capital. E como o oficial da colônia penal não consegue encontrar na tortura a verdade que procurava nela, do mesmo modo a morte de K. assemelha-se mais a um homicídio que à conclusão de uma *quaestio veritatis*. Por fim, de fato, faltam-lhe as forças para fazer o que sabia ser o seu dever: "Agora K. sabia com certeza que teria sido seu dever agarrar a faca que pendia sobre ele de uma mão à outra e enterrá-la em seu corpo".[25] Quem havia caluniado a si próprio só podia confessar a sua verdade torturando-se a si próprio. Em todo caso, a tortura, como inquérito sobre a verdade, não alcançou o seu objetivo.

12. K. (qualquer homem) se autocalunia para submeter-se à lei, à acusação que esta parece inevitavelmente dirigir-lhe e da qual não é possível fugir ("Declararem-se simplesmente inocentes", diz-lhe num certo momento o capelão da prisão, "é assim que os culpados costumam falar").[26] Mas, agindo desse modo, acaba por assemelhar-se ao prisioneiro do qual Kafka fala num fragmento, que "vê ser erguida uma forca no pátio do cárcere, acredita erroneamente que seja destinada a ele, então, à noite escapa

---

[24] KAFKA. *O processo*, p. 224. (N.T.)

[25] KAFKA. *O processo*, p. 227. (N.T.)

[26] KAFKA. *O processo*, p. 211. (N.T.)

da sua cela, coloca-se sob a forca e enforca-se". Daí a ambiguidade do direito, que tem a sua raiz na autocalúnia dos indivíduos e se apresenta, no entanto, como um poder que lhes é estranho e superior.

É nesse sentido que deveríamos ler a parábola sobre a porta da lei que o sacerdote narra a K. durante a cena na catedral. A porta da lei é a acusação, pela qual o indivíduo vem implicado no direito. Mas a acusação primeira e suprema é pronunciada pelo próprio acusado (embora sob a forma de uma autocalúnia). Por isso a estratégia da lei consiste em fazer o acusado acreditar que a acusação (a porta) está destinada (talvez) precisamente a ele, que o tribunal exige (talvez) alguma coisa dele, que está (talvez) em curso um processo que lhe diz respeito. Na realidade, não há nenhuma acusação e nenhum processo, pelo menos até o momento em que aquele que se crê acusado não se acusa a si próprio.

Esse é o sentido do "engano" (*Täuschung*) que, segundo as palavras do sacerdote, está em questão na parábola ("Nos textos introdutórios à lei conta o seguinte, a respeito desse engano: diante da lei está um guardião").[27] O problema não é tanto, como acredita K., quem engana (o guardião) e quem é enganado (o camponês). Nem se as duas afirmações do guardião ("Agora não pode entrar" e "esta entrada estava destinada só a você")[28] são ou não contraditórias. Elas significam, em todo caso, "você não é acusado" e "a acusação concerne apenas a você, só você pode acusar-se e ser acusado". Ou seja, são um convite à autoacusação, a que se deixa capturar no processo. Por isso a esperança de K., ao acreditar que o sacerdote possa lhe dar um "conselho decisivo" que o ajude não a influenciar

---

[27] KAFKA. *O processo*, p. 214. (N.T.)
[28] KAFKA. *O processo*, p. 215. (N.T.)

no processo, mas a evitá-lo, vivendo para sempre fora dele, não pode ser senão vã. O sacerdote também é, na realidade, um guardião da entrada, ele também "pertence ao tribunal", e o verdadeiro engano é, de fato, a existência dos guardiães, de homens (ou anjos: guardar a porta é, na tradição judaica, uma das funções dos anjos) – do mais ínfimo funcionário aos advogados e ao mais alto juiz – cujo escopo é induzir os outros homens a acusarem-se, fazendo-os passar pela porta que não leva a lugar algum, mas somente ao processo. Um "conselho", todavia, talvez a parábola contenha. Trata-se não do estudo da lei, que em si não tem culpa, mas do "longo estudo do seu guardião" (*in dem jahrelangen Studium des Türhüters*), ao qual o camponês dedica-se ininterruptamente na sua estadia diante da lei. É graças a tal estudo, a esse novo Talmude, que o camponês, diferentemente de Josef K., consegue viver até o fim fora do processo.

II. *Agrimensor*

1. No que se referia à sua atuação com a demarcação dos confins ou limites, o agrimensor tinha em Roma uma importância especial. Para tornar-se *agrimensor* (ou, a partir do nome do seu instrumento, *gromaticus*), era necessário passar por uma prova difícil, na ausência da qual o exercício da profissão podia ser punido com a pena de morte. O confim em Roma tinha, de fato, a tal ponto um caráter sagrado que aquele que apagava certos confins (*terminum exarare*) tornava-se *sacer* e podia ser impunemente morto por qualquer pessoa. Para a importância da agrimensura havia, porém, algumas razões mais simples. Tanto no direito civil como no público, a possibilidade de conhecer os confins dos territórios, de identificar e de atribuir as

partes do solo (*ager*) e, por fim, de decidir sobre os litígios de fronteira condicionava o próprio exercício do direito. Por isso, visto que era por excelência um *finitor* – aquele que estabelece, conhece e decide os confins –, o agrimensor era também chamado de *iuris auctor*, "criador de jurisdição", e de *vir perfectissimus*.

Não surpreende, portanto, que a primeira coletânea de textos sobre a agrimensura preceda quase um século o *Corpus iuris* de Justiniano. E, menos ainda, que logo após a emanação deste último se sentisse a necessidade de proceder a uma nova edição do *Corpus gromaticum*, que interpolava nos escritos dos agrimensores os pareceres dos juristas.

2. O instrumento do agrimensor romano era a *groma* (ou *gruma*), uma espécie de cruz, cujo centro era colocado em correspondência com um ponto do solo (dito *umbilicus soli*) e de cujas extremidades pendiam quatro fios esticados por um pequeno peso. Graças a esse instrumento, o agrimensor podia traçar as linhas retas (*rigores*), que lhe permitiriam medir o terreno e traçar os seus limites.

As duas linhas fundamentais, que se cruzavam em ângulo reto, eram o *kardo*, traçado de norte a sul, e o *decumanus*, que corria de leste a oeste. Essas duas linhas correspondiam, na fundação do *castrum* ("lugar fortificado" ou "castelo" – *castellum* é o diminutivo de *castrum* –, mas também "acampamento militar"), às duas vias principais em torno das quais se agrupavam as habitações (ou as barracas dos soldados, no caso do acampamento militar).

Para os romanos, o caráter originalmente celeste dessa *constitutio limitum* fundamental estava fora de questão. Por isso, o tratado de Higino[29] sobre a *Constituição dos limites* começa com as seguintes palavras: "Entre todos os ritos e os atos que dizem respeito às medidas, o mais eminente é a constituição dos limites. Esta tem uma origem celeste e uma duração perpétua [...], pois os limites são constituídos em referência ao mundo: os *decumani* são traçados, de fato, seguindo o curso do sol e os *kardines* segundo o eixo dos polos".

3. Em 1848, três eminentes filólogos e historiadores do direito, Friedrich Bluhme, Karl Lachmann e Adolf Rudorff, publicaram em Berlim a primeira edição moderna do *corpus* dos agrimensores romanos: *Die Schriften der römischen Feldmesser*. A edição, que recolhia em dois volumes os tratados de Giulio Frontino, Agennio Urbico, Igino Gromatico e Siculo Flacco, trazia um amplo apêndice que reproduzia as ilustrações dos manuscritos. Impressiona, entre estes, em quase 29 variações, a imagem de um *castrum*, que lembra, de modo realmente surpreendente, a descrição do castelo que aparece diante de K. no primeiro capítulo do romance: "Não era nem um burgo feudal nem um residência nova e suntuosa, mas uma extensa construção que consistia de poucos edifícios de dois andares e de muitos outros mais baixos estreitamente unidos entre si; se não se soubesse que era um castelo seria possível considerá-lo uma cidadezinha".[30]

---

[29] Caio Júlio Higino (em latim: Gaius Julius Higinus, Espanha, 64 a.C. – Roma, 17 d.C.) foi um escritor e bibliotecário da Roma Antiga; escreveu inúmeras obras de filologia, geografia, história, agricultura, das quais apenas temos acesso a alguns fragmentos. (N.T.)

[30] In: KAFKA, Franz. *O castelo*. Tradução e posfácio de Modesto Carone. São Paulo: Companhia das Letras, 2008, p. 14. (N.T.)

Muitas vezes aparece, nas ilustrações, a torre redonda, com janelas pequenas, que faz surgir na mente de K. o campanário da sua aldeia.

Outras ilustrações mostram, pelo contrário, o resultado da primeira *constitutio limitum*: a divisão fundamental do espaço segundo o *kardo*, e o *decumanus*. Todas as vezes, no extremo setentrional do meridiano que vai de norte a sul, lê-se claramente a letra K, inicial de *kardo*. No lado oposto, encontra-se a letra M (de *meridianus*), de modo que KM define a primeira linha, o limite fundamental, enquanto DM (abreviação de *decumanus meridianus*) define a segunda, à qual a primeira é perpendicular. Nesse sentido, a letra K, sozinha ou em combinação com outras letras, aparece mais vezes também no texto.

4. Tentemos levar a sério a profissão do protagonista de *O castelo*. Na língua dos agrimensores, K significa *kardo*, e este é assim chamado "porque se direciona ao eixo do céu" (*quod directum ad kardinem coeli est*). Aquilo de que K. se ocupa, a profissão que declara provocativamente aos funcionários do castelo e que estes tomam como uma espécie de desafio, é, portanto, a "constituição dos limites". O conflito – se de um conflito, como parece, se trata – não se refere tanto, segundo a consideração imprudente de Brod, à possibilidade de estabelecer-se na aldeia e de ser aceito pelo castelo como à fixação (ou à transgressão) dos confins. E se o castelo, ainda segundo Brod, é a graça como "governo divino" do mundo, então o agrimensor que se apresenta sem os seus instrumentos, mas "com um bastão nodoso ao alcance da mão", está comprometido com o castelo e com os seus funcionários numa luta obstinada sobre os limites desse governo, numa implacável e muito especial *constitutio limitum*.

5. No dia 16 de janeiro de 1922, durante a escrita de *O castelo*, Kafka anota nos seus diários algumas considerações sobre o limite, cuja importância foi muitas vezes sublinhada, sem que fossem, no entanto, colocadas em relação com a profissão do protagonista do romance. Kafka fala de um colapso (*Zusammenbruch*) que havia sido produzido na semana precedente, depois do qual o mundo interior e o exterior se dividiram e se dilaceraram reciprocamente. O colapso selvagem (*Wildheit*) que se produziu na interioridade é descrito nos termos de uma "caça" (*Jagen*), na qual "a observação de si não deixa em paz representação alguma, mas a persegue em direção ao alto [*emporjagt*] para depois ser, por sua vez, caçada [*weitergejagt*] como representação por uma nova observação de si". Nesse ponto, a imagem da caça cede lugar a uma reflexão sobre o limite entre os homens e o que está fora e acima deles: "Essa caça procede em direção contrária à humanidade [*nimmt die Richtung aus der Menschheit*]. A solidão, que na maior parte do tempo sempre me foi imposta e que em parte foi procurada por mim (mas esta também não era uma coação?), perde agora qualquer ambiguidade e vai até o extremo [*geht auf das Äusserste*]. Aonde conduz? Pode conduzir, e isso me parece inelutável, à loucura [*Irrsinn*, etimologicamente ligado a *irren*, "vagar", "errar"], não sendo necessário acrescentar nada mais, a caça atravessa-me e dilacera-me. Ou posso (posso?), mesmo em mínima parte, ficar de pé e deixar-me, então, ser levado pela caça. Aonde chego então? A 'caça' é apenas uma imagem, também posso dizer 'assalto contra o último limite terreno' [*Ansturm gegen die letzte irdische Grenze*], ou seja, assalto a partir de baixo, a partir dos homens e, como esta é somente uma imagem, posso substituí-la pela imagem de um assalto vindo de cima, na minha direção.

"Toda essa literatura é um assalto ao limite, e, se o sionismo não tivesse se colocado no meio, poderia ter se desenvolvido uma nova doutrina secreta, uma cabala [*zu einer neuen Geheimlehre, einer Kabbala*]. Existem os seus motivos. Mas certamente aqui se requer um gênio inconcebível, que mergulhe novamente as suas raízes nos séculos antigos ou que os crie novamente, sem por isso esgotar as suas forças, ou melhor, que comece apenas agora a consumá-las".

6. O caráter em todos os sentidos "decisivo" dessa anotação não escapou aos estudiosos. Ela envolve, no mesmo gesto, uma decisão existencial ("ir até o extremo", não ceder mais à fraqueza que, tal como anotará no dia 3 de fevereiro, o "manteve até então distante tanto da loucura como da ascensão" – *Aufstieg*, novamente a ideia de um movimento em direção ao alto) e uma teologia poética (a nova cabala oposta ao sionismo, a antiga e complexa herança gnóstico-messiânica contra a psicologia e a superficialidade da *westjüdische Zeit* em que vivia). Mas se torna ainda mais decisiva caso seja referida ao romance que Kafka está escrevendo e ao seu protagonista, o agrimensor K. (*kardo*, "aquele que se dirige ao eixo do céu"). A escolha da profissão (que é o próprio K. a atribuir-se, ninguém o encarregou de realizar tal trabalho, do qual, como o prefeito lhe faz perceber, na aldeia ninguém tem nenhuma necessidade) é, então, ao mesmo tempo uma declaração de guerra e uma estratégia. Não é dos confins entre as hortas e as casas da aldeia (que, nas palavras do prefeito, já foram "piquetados e registrados obrigatoriamente") que ele veio ocupar-se. Na verdade, a partir do momento em que a vida na aldeia é, na realidade, inteiramente determinada pelos confins que a separam do castelo e que, ao mesmo tempo, a mantêm ligada a ele, são antes de tudo aqueles limites que a chegada do agrimensor põe em questão. O "assalto ao último limite" é um assalto contra os limites que separam o castelo (o alto) da aldeia (o baixo).

7. Uma vez mais – é essa a grande intuição estratégica de Kafka, a nova cabala que prepara – a luta não é contra Deus ou contra a soberania suprema (o conde Westwest, que nunca está em questão no romance), mas contra os anjos, os mensageiros e os funcionários que parecem representá-los. Uma lista das personalidades do castelo com as quais ele de algum modo relaciona-se é, nesse sentido, instrutiva: além das várias "jovens do castelo", um auxiliar de porteiro, um mensageiro, um secretário, um chefe de seção (com o qual nunca tem relações diretas, mas cujo nome, Klamm, parece evocar os pontos extremos – KM – do *kardo*). Não se trata, portanto, sem querer ofender os intérpretes teológicos – tanto judeus como cristãos –, de um conflito com o divino, mas de um corpo a corpo com as mentiras dos homens (ou dos anjos) sobre o divino (antes de tudo com as mentiras correntes no ambiente dos intelectuais judaico-ocidentais, ao qual pertence). São os seus confins, as separações e as barreiras que estabeleceram entre os homens, e entre os homens e o divino, que o agrimensor quer colocar em questão.

Muito mais errada é, então, a interpretação segundo a qual K. gostaria de ser aceito pelo castelo e estabelecer-se na aldeia. Da aldeia tal como é, K. não sabe o que fazer. E ainda menos do castelo. O que interessa ao agrimensor é o limite que os divide e que os une, e que deseja abolir ou, melhor, tornar inoperoso. Pois por onde passa materialmente esse limite ninguém parece saber, talvez ele, na realidade, não exista, mas passe, assim como uma porta invisível, por dentro de todos os homens.

Kardo não é somente um termo da agrimensura: significa também a dobradiça da porta. "Dobradiça", segundo uma etimologia de Isidoro,[31] "é o lugar em que a porta [*ostium*] gira e se move, e chama-se assim a partir do termo grego para coração [*apo tes kardias*], pois como o coração do homem governa todas as coisas, assim a dobradiça sustenta e movimenta a porta. Daí o provérbio: *in cardinem esse*, 'encontrar-se no ponto decisivo'". "A porta [*ostium*]", continua Isidoro, com uma definição que Kafka poderia ter subscrito sem reservas, "é aquilo graças a que alguém nos impede de entrar", e os *ostiarii*, os porteiros, "são aqueles que no Antigo Testamento impedem os impuros de entrar no Templo". A dobradiça, o ponto decisivo, é aquele em que a porta, que obstrui o acesso, é neutralizada. E se Bucéfalo é o "novo advogado", que só estuda a lei sob a condição de que não seja mais aplicada, K. é o "novo agrimensor", que torna inoperosos os limites e os confins que separam (e ao mesmo tempo mantêm ligados) o alto e o baixo, o castelo e a aldeia, o templo e a casa, o divino e o humano. O que seriam o alto e o baixo, o divino e o humano, o puro e o impuro uma vez que a porta (isto é, o sistema das leis, escritas e não escritas, que regulam as suas relações) tivesse sido neutralizada; o que seria, por fim, esse "mundo da verdade", ao qual dedica as suas investigações o protagonista canino da narrativa que Kafka escreve quando interrompe definitivamente a escrita do romance, isso é o que ao agrimensor é dado apenas entrever.

---

[31] Isidoro de Sevilha (560-636) foi um teólogo, matemático e doutor da Igreja, além de arcebispo de Sevilha, considerado um dos grandes eruditos e o primeiro dos grandes compiladores medievais. (N.T.)

Da utilidade e dos inconvenientes do viver entre espectros

Na conferência de abertura ocorrida no Instituto Universitário de Arquitetura de Veneza, em fevereiro de 1993, Manfredo Tafuri[32] evoca sem meios-termos o "cadáver" de Veneza. Lembrando a batalha travada contra aqueles que desejaram a cidade como sede da EXPO, conclui não sem uma nota de tristeza: "O problema não era se seria melhor colocar maquiagem num cadáver, passar batom em seus lábios, torná-lo tão ridículo a ponto de ser ridicularizado até mesmo pelas crianças, ou aquilo que obtivemos nós, defensores, mas sem poder, profetas desarmados, ou seja, que o cadáver entrasse em liquefação diante de nossos olhos".

Passaram-se 15 anos desde esse diagnóstico implacável, escrito por quem tinha toda a competência e a autoridade para fazê-lo e sobre o qual ninguém (nem mesmo entre aqueles – prefeitos, arquitetos ou ministros – que,

---

[32] Manfredo Tafuri (Roma, 1935 – Veneza, 1994) foi um historiador de arquitetura. Entre seus livros, podemos destacar: *Teorie e storia dell'architettura* (1968), *Venezia e il Rinascimento* (1985), *Storia dell'architettura italiana 1944-1985* (1986). (N.T.)

tanto então como hoje, tiveram e têm, nas palavras de Tafuri, a "indecência" de continuar a embelezar e a vender o cadáver) poderia de boa-fé colocar em dúvida a exatidão. Isso significa, porém, observando bem, que Veneza não é mais um cadáver e que, se ela ainda existe de algum modo, não pode ter senão necessariamente passado ao estágio que se segue à morte e à decomposição do cadáver. Tal estágio é o espectro. Ou seja, aquele de um morto que aparece de repente, preferivelmente nas horas noturnas, estala e manda sinais, às vezes também fala, embora de modo nem sempre inteligível. "São sussurros o que Veneza consegue lançar", escrevia Tafuri, acrescentando que eles soam insuportáveis aos ouvidos da modernidade.

Quem mora em Veneza tem familiaridade com esse espectro. Este surge repentinamente durante uma caminhada noturna, quando, atravessando uma pequena ponte, o olhar margeia o rio imerso na sombra, onde uma janela distante acende uma penumbra alaranjada, e sobre outra ponte idêntica um passante que olha lhe mostra um espelho enevoado. Ou quando, ao longo das balsas desertas, o canal da Giudecca quase gaguejando faz escorrer, ao mesmo tempo, nos alicerces algas mortas e garrafas de plástico. E era ainda o mesmo espectro que, graças ao eco invisível de um último sinal de luz indefinidamente direcionado aos canais, Marcel via envolver-se nos reflexos dos palácios em volutas sempre mais negras. E, ainda antes, na própria origem da cidade, que não nasce, como quase em qualquer lugar da Itália, do encontro entre o mundo tardio antigo durante o pôr-do-sol e as novas forças bárbaras, mas a partir de fugitivos exaustos que, abandonando as suas ricas sedes romanas, trazem consigo em suas mentes o fantasma da cidade, para diluí-lo em águas, veios e cores.

De que é feito um espectro? De signos, aliás, mais precisamente, de assinaturas, isto é, daqueles signos, cifras ou monogramas que o tempo arranha sobre as coisas. Um espectro traz sempre consigo uma data, ou seja, é um ser intimamente histórico. Por isso as velhas cidades são o lugar eminente das assinaturas que o *flâneur* lê quase distraidamente ao longo das suas derivas e dos seus passeios; por isso as terríveis restaurações, que suavizam e uniformizam as cidades europeias, apagam suas assinaturas, tornando-as ilegíveis. E por isso as cidades – e especialmente Veneza – assemelham-se aos sonhos. No sonho, de fato, cada coisa pisca o olho a quem a sonha, cada criatura exibe uma assinatura, através da qual significa mais que os seus traços, os seus gestos e as suas palavras poderiam exprimir. Porém, também quem procura obstinadamente interpretar os seus sonhos em algum momento se encontra convencido de que eles não querem dizer nada. Assim, na cidade, tudo o que aconteceu naquela *calle*,[33] naquela praça, naquela rua, naqueles alicerces, naquela rua de negócios[34] súbito se condensa e se cristaliza numa figura ao mesmo tempo lábil e exigente, muda e cúmplice, destacada e distante. Essa figura é o espectro ou o gênio do lugar.

O que devemos ao que morreu? "O ato de amor de recordar um morto", escreve Kierkegaard, "é o ato de amor mais desinteressado, livre e fiel." Mas certamente não o

---

[33] *Calle* é a típica rua veneziana, por exemplo, a Calle del Paradiso; muitas trazem o nome de personagens famosos que tinham casas numa determinada região da cidade, Calle Foscarini, ou se referem a atividades e profissões que eram exercidas numa determinada rua, por exemplo, Calle del Pistor. (N.T.)

[34] Em italiano, *ruga*; assim são chamadas as ruas longas de Veneza, importantes por suas atividades comerciais, por exemplo, a Ruga Giuffa e a Ruga Rialto. (N.T.)

mais fácil. O morto, de fato, não apenas não pede nada, mas parece fazer de tudo para ser esquecido. Precisamente por isso, porém, o morto é talvez o objeto de amor mais exigente, em relação ao qual estamos sempre desarmados e inadimplentes, em fuga e distraídos.

Somente desse modo se pode explicar a falta de amor dos venezianos pela sua cidade. Não sabem nem podem amá-la, porque amar uma morta é difícil. É mais simples fingir que está viva, cobrindo os seus membros delicados e exangues com disfarces e maquiagens, para poder exibi-los aos turistas mediante pagamento. Em Veneza, os mercadores não estão no templo, mas nas tumbas; ultrajam não só a vida, mas, antes de tudo, um cadáver. Ou, muito mais, aquele que, sem ousarem confessá-lo, tomam como cadáver. E é, pelo contrário, um espectro, ou seja – se sabe sê-lo –, a coisa mais aérea, sutil e distante de um cadáver que se possa imaginar.

A espectralidade é uma forma de vida. Uma vida póstuma ou complementar, que começa somente quando tudo acabou e que tem, por isso, em relação à vida, a graça e a astúcia incomparável daquilo que é completo, a elegância e a precisão de quem não tem mais nada diante de si. São criaturas desse tipo (nas suas histórias de fantasmas, ele as comparava a sílfides e a elfos) que Henry James aprendeu a conhecer Veneza, tão discretas e elusivas, tanto que são sempre os vivos que invadem as suas moradias e que forçam a sua privacidade.

Há também, porém, uma espectralidade de outro tipo, que podemos chamar larval ou larvada, que nasce da não aceitação da própria condição, da sua remoção para fingir-se a todo custo um peso e uma carne. São essas as larvas que não vivem sozinhas, mas procuram obstinadamente os homens por cuja consciência malvada foram geradas, para habitá-los como pesadelos ou súcubos,[35] para mover de seu interior os membros exânimes com fios de mentira. Enquanto a primeira espécie de espectros é perfeita, porque não tem mais nada a acrescentar ao que fez ou disse, as larvas devem fingir-se um futuro para darem lugar, na verdade, a uma raiva no que diz respeito ao seu passado e à sua incapacidade de se saberem acabadas.

Ingeborg Bachmann[36] comparou uma vez a língua a uma cidade, com o seu centro antigo e depois as suas partes mais novas e as periferias, e, por fim, as ligações anulares e as bombas de gasolina, que também fazem parte da cidade. Cidade e língua contêm a mesma utopia e a mesma ruína, sonhamo-nos e nos perdemos na nossa cidade como na nossa língua, aliás, elas são apenas a forma desse sonho e dessa perda. Se compararmos Veneza a uma língua, então habitar em Veneza é como estudar latim, tentando soletrar uma língua morta, aprendendo a perder-nos e a reencontrar-nos nas dificuldades das declinações e nas aberturas imprevistas dos supinos[37] e dos infinitivos futuros. Sob a condição de lembrarmos que de uma língua nunca deveríamos dizer que está morta, pois ela, ao contrário, de algum modo ainda fala e é lida; só é impossível – ou quase – assumir nela a posição de um sujeito, de quem diz "eu". A língua morta é, na verdade, como Veneza, uma língua espectral, na qual não podemos falar, mas que ao seu modo freme, acena e sussurra e que, mesmo com esforço

---

[35] "Súcubo": diz-se de demônio a cuja influência se atribuem certos sonhos maus. (N.T.)

[36] Ingeborg Bachmann, também conhecida como Ruth Keller (Klagenfurt, 1926 – Roma, 1973), foi uma poeta, dramaturga, escritora e jornalista austríaca. (N.T.)

[37] Forma nominal do verbo latino. (N.T.)

e com a ajuda do dicionário, podemos entender e decifrar. A quem fala uma língua morta? A quem se direciona o espectro da língua? Certamente não a nós; tampouco aos seus destinatários de outrora, de quem não possui mais nenhuma lembrança. No entanto, exatamente por isso, é como se estivesse agora sozinha falando pela primeira vez, essa língua da qual o filósofo, sem se dar conta de emprestar-lhe então uma consistência espectral, diz que *ela* fala – não nós.

Veneza é, portanto, verdadeiramente – embora num sentido totalmente diferente daquele evocado por Tafuri ao final da sua apresentação –, o emblema da modernidade. O nosso tempo não é novo, mas *novíssimo*, ou seja, último e larval. Ele se concebeu como pós-histórico e pós-moderno, sem suspeitar de entregar-se necessariamente a uma vida póstuma e espectral, sem imaginar que a vida do espectro é a condição mais litúrgica e impérvia, que impõe a observância de regras exigentes e de litanias ferozes, com as suas vésperas e as suas alvoradas, com as suas completas[38] e os seus ofícios.

Daí a falta de rigor e de decência das larvas entre as quais vivemos. Todos os povos e todas as línguas, todas as ordens e todas as instituições, os parlamentos e os soberanos, as igrejas e as sinagogas, os arminhos e as togas deslizaram um após o outro, inexoravelmente, na condição de larvas, mas, por assim dizer, impreparados e sem conscienciosidade. Assim, os escritores escrevem mal, porque têm de fingir que a sua língua está viva, os parlamentos legislam em vão, porque devem simular uma vida política à nação larva, as religiões são desprovidas de

---

[38] Na liturgia católica, a última parte das horas canônicas, a da recitação do ofício divino ou breviário. (N.T.)

piedade, porque não sabem mais dar a benção e habitar as tumbas. Por isso vemos esqueletos e manequins desfilarem eretos, e múmias que pretendem dirigir alegremente a sua exumação, sem perceberem que os membros decompostos as abandonam em pedaços e farrapos, que as suas palavras se tornaram glossolalias ininteligíveis.

De tudo isso o espectro de Veneza não sabe nada. Não é mais aos venezianos nem, certamente, aos turistas que ele poderia aparecer. Talvez aos mendigos que governantes descarados querem expulsar, talvez aos ratos que atravessam com afã e com o focinho rente ao chão as *calli*, talvez a essas figuras raríssimas que, quase exiladas, procuram elucubrar a sua esquiva lição. Pois aquilo que o espectro, com a sua voz branca, argumenta é que, se todas as cidades e as línguas da Europa sobrevivem agora como fantasmas, apenas a quem tiver sabido deles tornar-se íntimo e familiar, voltando a soletrar e memorizar as suas palavras e pedras descarnadas, poderá talvez um dia reabrir-se essa passagem, em que bruscamente a história – a vida – cumpre as suas promessas.

Sobre o que podemos não fazer

Deleuze definiu certa vez a operação do poder como uma separação dos homens daquilo que podem, ou seja, da sua potência. As forças ativas são impedidas no seu exercício ou porque são privadas das condições materiais que o tornam possível ou porque uma proibição torna esse exercício formalmente impossível. Nos dois casos, o poder – e é essa a sua figura mais opressiva e brutal – separa os homens da sua potência e, desse modo, torna-os impotentes. Há, no entanto, outra e mais dissimulada operação do poder, que não age imediatamente sobre aquilo que os homens podem fazer – sobre a sua potência –, mas, sim, sobre a sua impotência, isto é, sobre o que não podem fazer, ou melhor, podem não fazer.

Que a potência seja sempre também constitutivamente impotência, que todo poder fazer seja também desde sempre um poder não fazer é a aquisição decisiva da teoria da potência que Aristóteles desenvolve no Livro IX da *Metafísica*. "A impotência [*adynamia*]", ele escreve, "é uma privação contrária à potência [*dynamis*]. Toda potência é impotência do mesmo e em relação ao mesmo [de que é potência]" (*Met.* 1046a, 29-31). "Impotência" não significa aqui somente ausência de potência, não poder fazer, mas também e sobretudo "poder não fazer", poder não exercer a própria potência. E é precisamente essa ambivalência específica de toda potência, que é sempre potência de ser e de não ser, de fazer e de não fazer, que melhor define a potência humana. Ou seja, o homem é o vivente que, existindo sob o modo da potência, pode tanto uma coisa como o seu contrário, pode tanto fazer como não fazer. Isso o expõe, mais que qualquer outro vivente, ao risco do erro, mas, ao mesmo tempo, permite-lhe acumular e dominar livremente as suas capacidades, transformando-as em "faculdades". Pois não apenas a medida do que alguém pode fazer, mas também e antes de tudo a capacidade de manter-se em relação com a própria possibilidade de não fazê-lo define o estatuto de sua ação. Enquanto o fogo só pode queimar, e os outros viventes podem apenas a sua potência específica, podem unicamente este ou aquele comportamento inscrito na sua vocação biológica, o homem é o animal que pode a sua própria impotência.

É sobre essa outra e mais obscura face da potência que hoje prefere agir o poder que se define ironicamente "democrático". Este separa os homens não apenas e não tanto daquilo que podem fazer, mas, em primeiro lugar, e principalmente, daquilo que podem não fazer. Separado da sua impotência, privado da experiência do que pode não fazer, o homem moderno crê-se capaz de tudo e repete o seu jovial "não há problema" e o seu irresponsável "pode-se fazer", exatamente quando deveria, ao contrário, dar-se conta de ser entregue em medida inaudita a forças e processos sobre os quais perdeu todo controle. Ele se tornou cego não às suas capacidades, mas às suas incapacidades, não ao que pode fazer, mas ao que não pode ou pode não fazer.

Daí a definitiva confusão, no nosso tempo, das profissões e das vocações, das identidades profissionais e dos papéis sociais, cada um dos quais é personificado por um comparsa cuja arrogância é inversamente proporcional à provisoriedade e à incerteza da sua representação. A ideia de que cada um possa fazer ou ser indistintamente qualquer coisa, a suspeita de que não apenas o médico que me examina poderia amanhã ser um artista de vídeo, mas que até mesmo o algoz que me mata já seja na realidade, assim como em *O processo*, de Kafka, um cantor não são mais que o reflexo da consciência de que todos estão se dobrando àquela flexibilidade que é hoje a primeira qualidade que o mercado exige de cada um.

Nada nos torna tão pobres e tão pouco livres como esse estranhamento da impotência. Aquele que é separado do que pode fazer pode, porém, resistir ainda, pode ainda não fazer. Aquele que é separado da sua impotência perde, ao contrário, principalmente, a capacidade de resistir. E como é somente a ardente consciência do que não podemos ser que garante a verdade do que somos, assim é apenas a visão lúcida do que não podemos ou podemos não fazer que dá consistência ao nosso agir.

Identidade sem pessoa

O desejo de ser reconhecido pelos outros é inseparável do ser humano. Tal reconhecimento lhe é, aliás, tão essencial que, segundo Hegel, cada um está disposto, para obtê-lo, a colocar em jogo a sua própria vida. Não se trata, de fato, simplesmente de satisfação ou de amor próprio: ou melhor, é somente através do reconhecimento dos outros que o homem pode constituir-se como pessoa.

Persona significa originalmente "máscara" e é através da máscara que o indivíduo adquire um papel e uma identidade social. Assim, em Roma, cada indivíduo era identificado por um nome que manifestava o seu pertencimento a uma *gens*, a uma estirpe, mas esta era, por sua vez, definida pela máscara de cera do antepassado que toda família patrícia custodiava no átrio de sua casa. Daí fazer da *persona* a "personalidade" que define o lugar do indivíduo nos dramas e nos ritos da vida social, o passo é breve e *persona* acabou por significar a capacidade jurídica e a dignidade política do homem livre. Quanto ao escravo, como não tinha nem antepassados, nem máscara, nem nome, não podia ter nem mesmo uma "persona", uma capacidade jurídica (*servus non habet personam*). A luta pelo reconhecimento é, portanto, luta por uma máscara, mas esta coincide com a "personalidade" que a sociedade reconhece em cada indivíduo (ou com o "personagem" que, com a sua conivência, por vezes, reticente, ela faz dele).

Não espanta que o reconhecimento da própria pessoa tenha sido por milênios a posse mais zelosa e significativa. Os outros seres humanos são importantes e necessários, antes de tudo, porque podem reconhecer-me. Também o poder, a glória, as riquezas, a que os "outros" parecem ser muito sensíveis, têm sentido, em última análise, só em vista desse reconhecimento da identidade pessoal. Podemos certamente, como se diz que amava fazer o califa de Bagdá, Hārūn al-Rashīd, caminhar anonimamente pelas ruas da cidade vestidos como mendigos; mas se nunca houvesse um momento em que o nome, a glória, as riquezas e o poder fossem reconhecidos como "meus", se, assim como certos santos recomendam fazer, eu vivesse toda a vida no não reconhecimento, então também a minha identidade pessoal se perderia para sempre.

Na nossa cultura, a "pessoa-máscara" não tem, porém, apenas um significado jurídico. Ela também contribuiu de modo decisivo para a formação da pessoa moral. O lugar em que isso ocorreu é, antes de tudo, o teatro. E, com este, a filosofia estoica, que modelou a sua ética na relação entre o ator e a sua máscara. Essa relação é definida por uma dupla intensidade: por um lado, o ator não pode pretender escolher ou recusar o papel que o autor lhe destinou; por outro, não pode tampouco identificar-se sem resíduos com ele. "Lembra-te, escreve Epiteto,[39] "que tu és como um ator na parte que o autor dramático quis atribuir-lhe; breve, se breve, longa, se longa. Se quer que tu representes um papel de mendigo, faça-o convenientemente. E faz o mesmo num papel de aleijado, de juiz, de simples cidadão. Escolher o papel não cabe a ti: mas representar bem a pessoa que te foi atribuída, isso depende de ti" (*Ench.* XVII). E, no entanto, o ator (assim como o sábio que o toma como paradigma) não deve identificar-se profundamente com o seu papel, confundindo-se com o seu personagem. "Em breve chegará o dia", adverte ainda Epiteto, "em que os atores irão acreditar que a sua máscara e os seus trajes são eles mesmos" (*Diss.* I, XXIX, 41).

A pessoa moral se constitui, assim, por uma adesão e, ao mesmo tempo, por uma separação em relação à máscara social: aceita-a sem reservas e, concomitantemente, toma dela, quase imperceptivelmente, distância.

Talvez em nenhum lugar esse gesto ambivalente e, com este, a distância ética que ele abre entre o homem e a sua máscara apareçam com tanta evidência como nas pinturas ou nos mosaicos romanos que representam o diálogo silencioso do ator com a sua máscara. O ator está, aqui, representado de pé ou sentado diante da sua máscara, a qual segura com a mão esquerda ou está colocada sobre um pedestal. O comportamento idealizado e a expressão absorta do ator, que mantém fixo o olhar nos olhos cegos da máscara, testemunham o significado especial da sua relação. Esta alcança o seu limiar crítico – e, ao mesmo tempo, o seu ponto de inversão – nos primeiros anos da Idade Moderna,

---

[39] Epiteto ou Epicteto (Hierápolis, 55 - Nicópolis, 135) foi um filósofo grego estoico. Seu *Enchirídion* ou *Manual de Epicteto* traz conselhos éticos estoicos, os quais foram reunidos por Arriano, seu aluno, no início do século II. (N.T.)

nos retratos dos atores da *Commedia dell'Arte*: Giovanni Gabrielli, dito Sivello, Domenico Biancolelli, dito o Arlequim, e Tristano Martinelli, também dito Arlequim. Agora o ator não olha mais a sua máscara, que também mostra segurando-a em sua mão; e a distância entre o homem e a "persona", tão matizada nas representações clássicas, é acentuada pela vivacidade do olhar que ele direciona decisiva e interrogativamente ao espectador.

Na segunda metade do século XIX, as técnicas policiais conhecem um desenvolvimento inesperado, que implica uma transformação decisiva do conceito de identidade. Esta não é mais, agora, algo que diz respeito essencialmente ao reconhecimento e ao prestígio social da pessoa, mas responde à necessidade de assegurar outro tipo de reconhecimento, o do criminoso reincidente por parte do agente policial. Não é fácil para nós, habituados desde sempre a ter conhecimento de que somos registrados com precisão em registros civis e ficheiros, imaginar quão árdua podia ser a verificação da identidade pessoal numa sociedade que não conhecia a fotografia nem os documentos de identidade. Tanto que, na segunda metade do século XIX, esse se torna o problema principal daqueles que se concebiam como os "defensores da sociedade" diante do surgimento e da difusão crescente da figura que parece constituir a obsessão da burguesia oitocentista: o "delinquente habitual". Tanto na França como na Inglaterra foram votadas leis que diferenciavam nitidamente entre o primeiro crime, cuja pena era a prisão, e a reincidência, que era punida, ao contrário, com a deportação para as colônias. A necessidade de se poder identificar com segurança a pessoa detida por um delito se torna, nesse momento, uma condição necessária para o funcionamento do sistema judicial.

Foi essa necessidade que levou um funcionário obscuro da prefeitura de polícia de Paris, Alphonse Bertillon, a colocar em prática, por volta do final dos anos 1870, o sistema de identificação dos delinquentes com base na medição antropométrica e na fotografia sinalética que em poucos anos se tornou célebre no mundo inteiro pelo nome *Bertillonnage*. Qualquer um que estivesse por qualquer razão preso ou detido era imediatamente submetido a um conjunto de medições do crânio, dos braços, dos dedos das mãos e dos pés, da orelha e do rosto. Logo em seguida o indivíduo suspeito era fotografado de frente e de perfil, e as duas fotografias eram coladas sobre um "papel Bertillon", que continha todos os dados úteis à identificação, segundo o sistema que o seu inventor havia batizado de *portrait parlé*.

Nos mesmos anos, um primo de Darwin, Francis Galton, desenvolvendo as atividades de um funcionário da administração colonial inglesa, Henry Faulds, começou a trabalhar em um sistema de classificação das impressões digitais, que permitiria a identificação dos criminosos reincidentes sem possibilidade de erro. Curiosamente Galton era um defensor convicto do método antropométrico-fotográfico de Bertillon, cuja adoção era apoiada na Inglaterra; mas considerava que o levantamento das impressões digitais era particularmente adequado aos nativos das colônias, cujos traços físicos tendem a confundir-se e a parecer iguais para um olho europeu. Outro âmbito em que o método teve uma aplicação precoce foi o da prostituição, porque se considerava que os procedimentos antropométricos implicavam uma promiscuidade embaraçosa em relação às criaturas de sexo feminino, cujos cabelos longos tornavam, por outro lado, mais difícil a medição. É provável que tenham sido razões desse tipo, de algum modo ligadas a preconceitos raciais e sexuais, que atrasaram a aplicação do método de Galton fora do espaço colonial ou, no caso dos Estados Unidos, aos cidadãos afro-americanos ou de origem oriental. Mas já nas duas primeiras décadas do século XX o sistema se difunde em todos os Estados do mundo e, a partir dos anos 1920, passa a substituir ou a apoiar o *Bertillonnage*.

Pela primeira vez na história da humanidade, a identidade não era mais função da "persona" social e do seu reconhecimento, mas de dados biológicos que não podiam ter com ela nenhuma relação. O homem retirou a máscara sobre a qual se fundou por séculos a sua reconhecibilidade, para entregar a sua identidade a algo que lhe pertence de modo íntimo e exclusivo, mas com que ele não pode de maneira alguma identificar-se. Não são mais os "outros", os meus semelhantes, os meus amigos ou inimigos, que garantem o reconhecimento, nem mesmo a minha capacidade ética de não coincidir com a máscara social que também assumi: o que define a minha identidade e a minha reconhecibilidade são agora os arabescos insensatos que o meu polegar manchado de tinta deixou sobre uma folha de papel numa delegacia de polícia. Ou seja, algo sobre o qual não sei absolutamente nada e com o qual e a partir do qual não posso, em nenhum caso, identificar-me ou distanciar-me: a vida nua, um dado puramente biológico.

As técnicas antropométricas haviam sido pensadas para os delinquentes e permaneceram por muito tempo como privilégio exclusivo deles. Ainda em 1943, o Congresso dos Estados Unidos rechaça o *Citizen Identification Act*, que visava instituir para todos os cidadãos carteiras de identidade com suas impressões digitais. Mas para a lei que deseja que aquilo que foi inventado para os criminosos, para os estrangeiros e para os judeus seja cedo ou tarde, sem falta, aplicado a todos os seres humanos enquanto tais, as técnicas que haviam sido elaboradas para os reincidentes foram estendidas ao longo do século XX a todos os cidadãos. A fotografia sinalética, acompanhada, por vezes, também pela impressão digital, torna-se assim parte integrante do documento de identidade (uma espécie de "papel Bertillon" condensado) que estava gradativamente passando a ser obrigatório em todos os Estados do mundo.

No entanto, o passo extremo só foi realizado nos nossos dias e está ainda em via de realização. Graças ao desenvolvimento de tecnologias biométricas que podem capturar rapidamente as impressões digitais ou a estrutura da retina ou da íris por meio de escâneres óticos, os dispositivos biométricos tendem a sair das delegacias de polícia e dos escritórios de imigração para penetrar na vida cotidiana. A entrada dos restaurantes estudantis, dos liceus e até mesmo das escolas elementares (as indústrias do setor biométrico, que conhecem atualmente um desenvolvimento frenético, recomendam habituar os cidadãos desde sua infância a esse tipo de controle) em alguns países já é regulada por um dispositivo biométrico ótico, sobre o qual o estudante pousa distraidamente a mão. Na França e em todos os países europeus está em fase de preparação a nova carteira de identidade biométrica (INES), munida de um *microchip* eletrônico que contém os elementos de identificação (impressões digitais e fotografia numérica) e uma amostra de assinatura para facilitar as transações comerciais. E, na incessante deriva governamental do poder político, em que convergem curiosamente tanto o paradigma liberal como o estadista, as democracias ocidentais se preparam para organizar o arquivo do DNA de todos os cidadãos, com finalidades tanto de segurança e de repressão do crime como de gestão da saúde pública.

De muitos lugares se chamou a atenção para os perigos inerentes a um controle absoluto e sem limites por parte de um poder que disponha dos dados biométricos e genéticos dos seus cidadãos. Nas mãos de um poder semelhante, o extermínio dos judeus (e qualquer outro genocídio imaginável), que foi realizado a partir de bases documentárias incomparavelmente menos eficazes, teria sido total e muito rápido.

Mais graves ainda, porque totalmente inobservadas, são, porém, as consequências que os processos de identificação biométrica e biológica têm sobre a constituição do sujeito. Que tipo de identidade se pode construir sobre dados meramente biológicos? Certamente não uma identidade pessoal, que estava ligada ao reconhecimento dos outros membros do grupo social e, concomitantemente, à capacidade do indivíduo de assumir a máscara social sem, no entanto, deixar-se reduzir a ela. Se a minha identidade é agora determinada, em última análise, por fatos biológicos, que não dependem de modo algum da minha vontade e sobre os quais não tenho nenhum domínio, a construção de algo como uma ética pessoal se torna problemática. Que relação posso instituir com as minhas impressões digitais ou com o meu código genético? Como posso assumi-los e, ao mesmo tempo, distanciar-me deles? A nova identidade é uma identidade sem pessoa, em que o espaço da ética que estávamos habituados a conceber perde o seu sentido e tem de ser repensado desde o início. E até que isso aconteça, é lícito esperarmos um colapso generalizado dos princípios éticos pessoais que governaram a ética ocidental durante séculos.

A redução do homem à vida nua é hoje a tal ponto um fato consumado que ela está agora na base da identidade que o Estado reconhece perante seus cidadãos. Assim como o deportado de Auschwitz não tinha mais nome nem nacionalidade e era a partir de então somente o número que havia sido tatuado em seu braço, do mesmo modo o cidadão contemporâneo, perdido na massa anônima e equiparado a um criminoso em potencial, não é definido senão pelos dados biométricos e, em última instância, por uma espécie de fado antigo tornado ainda mais opaco e incompreensível: o seu DNA. E, todavia, se o homem é aquele que sobrevive indefinidamente ao humano, se ainda há sempre humanidade para além do inumano, então uma ética deve ser também possível no extremo limiar pós-histórico em que a humanidade ocidental parece ter ficado encalhada, ao mesmo tempo hilária e estupefata. Como todo dispositivo, a identificação biométrica também captura, de fato, um desejo mais ou menos inconfessado de felicidade. Nesse caso, trata-se da vontade de libertar-se do peso da pessoa, da responsabilidade tanto moral como jurídica que traz consigo. A pessoa (tanto na sua veste trágica como naquela cômica) também é o portador da culpa, e a ética que implica é necessariamente ascética, porque fundada numa cisão (entre o indivíduo e a sua máscara, entre a pessoa ética e a jurídica). É contra tal cisão que a nova identidade sem pessoa faz valer a ilusão não de uma unidade, mas de uma multiplicação infinita das máscaras. No ponto em que fixa o indivíduo a uma identidade puramente biológica e associal, promete-lhe deixar assumir na internet todas as máscaras e todas as segundas e terceiras vidas possíveis, nenhuma das quais poderá jamais lhe pertencer particularmente. A isso se acrescenta o prazer, ágil e quase insolente, de sermos reconhecidos por uma máquina, sem o peso das implicações afetivas que são inseparáveis do reconhecimento operado por outro ser humano. Quanto mais o cidadão metropolitano perdeu a intimidade com os outros, quanto mais se tornou incapaz de olhar seus semelhantes nos olhos, tanto mais consoladora é a intimidade virtual com o dispositivo, que aprendeu a perscrutar muito profundamente a sua retina; quanto mais perdeu toda identidade e todo pertencimento real, tanto mais gratificante é ser reconhecido pela Grande Máquina, nas suas variantes infinitas e minuciosas, da catraca na entrada do metrô ao caixa eletrônico dos bancos, da câmera que o observa bondosamente enquanto entra no banco ou caminha pela rua ao dispositivo que abre a porta de sua garagem, até a futura carteira de identidade obrigatória que o reconhecerá sempre, onde quer que esteja, inexoravelmente como aquele que é. Eu existo se a Máquina me reconhece ou, pelo menos, me vê; estou vivo se a Máquina, que não conhece sono e vigília, mas que está eternamente acordada, garante que estou vivo; não sou esquecido, se a Grande Máquina registrou os meus dados numéricos ou digitais.

Que esse prazer e essas certezas sejam postiços e ilusórios é evidente, e os primeiros a sabê-lo são justamente aqueles que têm experiências diárias com eles. O que significa, de fato, ser reconhecido, se o objeto do reconhecimento não é uma pessoa, mas, sim, um dado numérico? E por trás do dispositivo que parece reconhecer-me não estão, talvez, outros homens, que não querem, na realidade, reconhecer-me, mas apenas controlar-me e acusar-me? E como é possível comunicar não através de um sorriso ou de um gesto, não de uma gentileza ou de uma reticência, mas por meio de uma identidade biológica?

No entanto, segundo a lei que quer que na história não sejam efetuados retornos a condições perdidas, temos de preparar-nos sem saudade nem esperanças para procurar, para além tanto da identidade pessoal como da identidade sem pessoa, a nova figura do humano – ou, talvez, simplesmente do vivente –, aquele rosto para além tanto da máscara como da *facies* biométrica que ainda não conseguimos ver, mas cujo pressentimento, às vezes, nos faz estremecer de repente tanto nas nossas perdas como nos nossos sonhos, tanto nas nossas inconsciências como na nossa lucidez.

Nudez

1. No dia 8 de abril de 2005 foi realizada, na Neue Nationalgalerie, em Berlim, uma performance de Vanessa Beecroft. Cem mulheres nuas (na verdade, vestiam *collants* transparentes) estavam de pé, imóveis e indiferentes, expostas aos olhares dos visitantes que, após terem esperado numa longa fila, entravam em grupos na sala ampla localizada no térreo do museu. A primeira impressão de quem experimentava observar não somente as mulheres, mas também os visitantes que, tímidos e, ao mesmo tempo, curiosos, começavam a olhar pelo canto do olho aqueles corpos que, no fim das contas, estavam ali para serem vistos, e depois de terem dado voltas em torno deles, como se estivessem fazendo uma espécie de reconhecimento, pelas fileiras quase militarmente hostis das nuas, afastavam-se embaraçados, era a de um não-lugar. *Algo que poderia e, talvez, deveria ter acontecido não tinha tido lugar.*

Homens vestidos que observam corpos nus: essa cena evoca irresistivelmente o ritual sadomasoquista do poder. No início do *Saló*, de Pasolini (que havia reproduzido mais ou menos fielmente o modelo sadiano de *Os 120 dias de Sodoma*), os quatro hierarcas, que estão para se trancar em sua mansão, seguem vestidos à inspeção das vítimas, que são obrigadas a entrarem nuas após terem sido atentamente examinadas, com o intuito de avaliar as suas qualidades e os seus defeitos. E estavam vestidos, na prisão de Abu Ghraib, os militares norte-americanos diante da multidão de corpos nus dos prisioneiros torturados. Nada de semelhante na Neue Nationalgalerie: num certo sentido, a relação aqui parecia invertida, e não havia nada mais pérfido que o olhar entediado e impertinente que, sobretudo, as mulheres mais jovens pareciam a todo instante lançar sobre os espectadores desarmados. Não: o que deveria ter acontecido e não aconteceu não podia ser de forma alguma uma *séance* sadomasoquista, preâmbulo de uma orgia ainda mais improvável.

Pareciam estar todos à espera, tal como em uma representação do Último Dia. Mas, olhando bem, também aqui os papéis estavam invertidos: as mulheres em *collant* eram os anjos, implacáveis e severos, que a tradição iconográfica sempre representa cobertos com vestes longas, enquanto os visitantes – hesitantes e agasalhados como estavam naquele fim de inverno berlinense – encarnavam os ressuscitados à espera do julgamento, que até mesmo a tradição teológica mais beata autoriza a representar em toda a sua nudez.

Tortura e *partouze*[40] não foram, portanto, os acontecimentos que não tiveram lugar: foi muito mais a simples nudez. Precisamente naquele espaço amplo e bem iluminado, onde estavam expostos 100 corpos femininos de diferentes idades, raças e formatos, que o olhar podia examinar confortavelmente em suas particularidades, exatamente ali não parecia existir nenhum traço de nudez. O acontecimento que não se deu (ou, admitindo ser essa a intenção da artista, havia tido lugar no seu não acontecimento) colocava inequivocamente em questão a nudez do corpo humano.

2. A nudez, na nossa cultura, é inseparável de uma assinatura teológica. Todos conhecem a narrativa do *Gênesis*, segundo a qual Adão e Eva, após o pecado, percebem pela primeira vez estarem nus: "Então, abriram-se os olhos de ambos e viram que estavam nus" (*Gên*. 3,7). De acordo com os teólogos, isso não ocorre por causa de uma simples ignorância precedente que o pecado anulou. Antes da queda, mesmo sem estarem cobertos por nenhuma veste humana, não estavam nus:

---

[40] Em francês, no original. Tradução: "orgia". (N.T.)

estavam cobertos por uma veste de graça, que os envolvia tal como um traje glorioso (na versão judaica dessa exegese, que encontramos, por exemplo, no *Zohar*, fala-se de uma "veste de luz").

É dessa veste sobrenatural que o pecado os despe, e eles, desnudados, são forçados, em primeiro lugar, a se cobrirem, confeccionando, antes, com suas mãos uma tanga de folhas de figueira ("Entrelaçaram folhas de figueira e fizeram tangas") e, mais tarde, no momento da expulsão do Paraíso, usando vestes feitas com peles de animais, que Deus preparou para eles. Isso significa que a nudez se dá para os nossos progenitores no Paraíso terrestre somente em dois momentos: uma primeira vez, no intervalo, presumivelmente muito breve, entre a percepção da nudez e a confecção da tanga, e uma segunda vez, quando se despem das folhas de figueira para se vestirem com as túnicas de pele. E, mesmo nesses instantes fugazes, a nudez só acontece, por assim dizer, negativamente, como privação da veste de graça e como presságio da resplandecente veste de glória que os bem-aventurados irão receber no Paraíso. Uma nudez plena se realiza, talvez, exclusivamente no Inferno, no corpo dos danados irremissivelmente oferecido aos tormentos eternos da justiça divina. Não há, nesse sentido, no cristianismo, uma teologia da nudez, mas apenas uma teologia da veste.

3. Erik Peterson, um dos raros teólogos modernos que refletiram sobre a nudez, deu, por isso, como título a um de seus escritos *Theologie des Kleides* ("Teologia da veste"). Os temas essenciais da tradição teológica estão ali compendiados em poucas, mas densas páginas. Primeiramente, o tema da relação imediata entre nudez e pecado: "A nudez só se dá depois do pecado. Antes do pecado havia ausência de vestes [*Unbekleidetheit*], mas esta ainda não era nudez [*Nacktheit*]. A nudez pressupõe a ausência de veste, mas não coincide com esta. A percepção da nudez está ligada ao ato espiritual que a Sagrada Escritura define como 'abertura dos olhos'. A nudez é algo de que nos damos conta, enquanto a ausência de vestes passa inobservada. A nudez depois do pecado só podia, porém, ser observada se no ser do homem houvesse acontecido uma mudança. Essa mudança através da queda deve dizer respeito a Adão e Eva em toda a sua natureza. Ou seja, deve tratar-se de uma mudança metafísica, que diz respeito ao modo de ser do homem, e não simplesmente a uma mudança moral".

No entanto, essa "transformação metafísica" consiste simplesmente no desnudamento, na perda da veste de graça: "A distorção da natureza humana através do pecado leva à 'descoberta' do corpo, à percepção da sua nudez. Antes da queda, o homem existia para Deus de modo tal que o seu corpo, mesmo na ausência de qualquer veste, não estava 'nu'. Esse 'não estar nu' do corpo humano também na aparente ausência de vestes se explica pelo fato de que a graça sobrenatural circundava a pessoa humana como uma veste. O homem não somente se encontrava na luz da glória divina: estava vestido com a glória de Deus. Mediante o pecado, o homem perde a glória de Deus e na sua natureza torna-se agora visível um corpo sem glória: o nu da pura corporeidade, o desnudamento da pura funcionalidade, um corpo ao qual falta toda nobreza, porque a dignidade última do corpo estava encerrada na glória divina perdida".

Peterson procura articular com precisão essa conexão essencial entre queda, nudez e perda da veste, que parece transformar o pecado unicamente numa espoliação e num pôr a nu (*Entblössung*): "O 'desnudamento' do corpo dos primeiros homens deve ter precedido a consciência da nudez do seu corpo. Essa 'descoberta' do corpo humano, que deixa aparecer a 'nua corporeidade', esse desnudamento feroz do corpo com todos os signos da sua sexualidade, que se torna visível para os olhos agora 'abertos' em consequência do pecado, só podem ser compreendidos pressupondo-se que antes do pecado se encontrava 'coberto' aquilo que foi agora 'descoberto', ou seja, que antes estava velado e vestido o que, nesse instante, é desvelado e despido".

4. Começa, nesse momento, a delinear-se o sentido do dispositivo teológico que, colocando em relação nudez e veste, situa nessa relação a própria possibilidade do pecado. O texto de Peterson parece, de fato, pelo menos à primeira vista, implicar alguma contradição. A "transformação metafísica" conseguinte ao pecado é, na realidade, somente a perda da veste de graça que cobria a "nua corporeidade" dos protoplastos. Isso significa, objetivamente, que o pecado (ou, pelos menos, a sua possibilidade) preexistia naquela "nua corporeidade", em si desprovida de graça, que a perda da veste agora faz aparecer na sua "pura funcionalidade" biológica, "com todos os sinais da sua sexualidade", como um "corpo ao qual falta toda nobreza". Se já antes do pecado havia necessidade de cobrir com o véu da graça o corpo humano, isso significa que à beata e inocente nudez paradisíaca preexistia outra nudez, aquela "nua corporeidade" que o pecado, despindo a veste de graça, deixa impiedosamente aparecer.

O fato é que o problema, aparentemente secundário, da relação entre nudez e veste coincide com outro, teologicamente em qualquer sentido fundamental, da relação entre natureza e graça. "Como a veste pressupõe o corpo que deve cobrir", escreve Peterson, "assim a graça pressupõe a natureza, que deve consumar-se com a glória. É por isso que a graça sobrenatural é concedida ao homem no Paraíso como uma veste. *O homem foi criado desprovido de vestes* – isso significa que ele possuía uma natureza particular, diferente da natureza divina –, *mas foi criado nessa ausência de vestes para ser coberto pelo traje sobrenatural da glória*".

O problema da nudez é, portanto, o problema na natureza humana na sua relação com a graça.

5. Na colegiada de Santo Isidoro, em León, conserva-se um relicário de prata do século XI, em cujos lados foram esculpidas, em relevo, cenas do *Gênesis*. Um dos quadros mostra Adão e Eva pouco antes da expulsão do Paraíso. Segundo a narrativa bíblica, mal se tinham dado conta de estarem nus e cobriram suas vergonhas com uma folha de figueira, a qual seguram com a mão esquerda. Diante deles o criador, irado e envolto numa espécie de toga, aponta com a mão direita num gesto inquisitório (que a didascália explicita: *"Dixit Dominus Adam ubi es"*) retomado pela mão esquerda dos culpados, e, para se desculparem, Adão indica de modo infantil Eva, e esta, a serpente. A cena seguinte, que nos interessa particularmente, ilustra o verso do *Gênesis* 3, 21: *"Et fecit Dominus Deus Adae et mulieri eius tunicas pelliceas et induit eos"*. O artista anônimo representou Adão já vestido, em atitude de tristeza atormentada; mas, com uma invenção deliciosa, representou Eva com as pernas ainda nuas no gesto de vestir-se com a túnica que o Senhor parece lhe colocar à força. A mulher, da qual se vê apenas o rosto pela gola da veste, resiste com todas as suas energias à violência divina: esta vem provada para além de qualquer dúvida não só pela torção antinatural das pernas e da careta dos olhos espremidos, mas também pelo gesto da mão direita que se agarra desesperadamente na veste divina.

Por que Eva não quer vestir a "peliça"? Por que quer permanecer nua (ao que parece, retirou a folha de figueira ou, no ardor da luta corporal, a perdeu)? Sabe-se que, segundo uma tradição antiga, já atestada em São Nilo, em Teodoreto de Cirro e em Jerônimo, as peliças, os *chitonai dermationoi* (*tunicae pelliceae* na Vulgata; dos quais o termo moderno "peliça", que conservou até hoje uma conotação pecaminosa), são um símbolo da morte; por isso, após o batismo, elas são retiradas e substituídas por uma veste cândida de linho ("Quando, prontos a nos vestirmos de Cristo, tivermos retirado as túnicas de pele", escreve Jerônimo, "então vestiremos a veste de linho, que não tem em si mais nada da morte, mas é toda branca, assim que ao sair do batismo, podemos cingir os rins na verdade"). Outros autores, pelo contrário, entre os quais João Crisóstomo e Agostinho, insistem, por outro lado, sobre o significado literal do episódio. E é provável que nem o cinzelador do relicário nem os seus comitentes tenham querido dar ao gesto de Eva um significado particular. Mas ele só adquire o seu próprio sentido se nos lembrarmos de que aquele é o último momento da vida deles no Paraíso terrestre no qual os nossos progenitores podem ainda estar nus, antes de serem cobertos por peles e expulsos para sempre sobre a Terra. Se isso é verdade, então a ágil figurinha de prata, que resiste desesperadamente à vestidura, é um símbolo extraordinário da feminilidade, que torna a mulher a guardiã tenaz da nudez paradisíaca.

6. Que a graça seja algo como uma veste (*indumentum gratiae* a chama Agostinho, *De Civ. Dei* XIV, 17), isso significa que ela, como toda veste, foi incorporada e pode, portanto, ser retirada. Mas também significa, precisamente por isso, que a sua adição representou originalmente a corporeidade humana como "nua", e a sua subtração volta sempre novamente a exibi-la como tal. E, uma vez que a graça, nas palavras do apóstolo, "nos foi dada em Cristo antes dos séculos eternos", uma vez que ela, assim como Agostinho não cansa de repetir, "foi dada quando não existiam ainda aqueles a quem seria dada" (*Doc. Chr.* III, 34, 49), a natureza humana é representada desde sempre como nua, é desde sempre "nua corporeidade".

Que a graça seja uma veste e a natureza, uma espécie de nudez é enfatizado com ênfase por Peterson. Citando o provérbio alemão segundo o qual "a roupa faz as pessoas" (*Kleider machen Leute*), ele especifica que "não só as pessoas, mas o próprio homem é feito pela roupa, e isso porque o homem não é interpretável por si próprio. A natureza humana, segundo o seu próprio destino, é subordinada, de fato, à graça e se realiza somente através dela. Por isso Adão é 'vestido' com a justiça sobrenatural, com a inocência e a imortalidade, porque só essa veste lhe confere a sua dignidade e torna visível aquilo a que Deus o destinou através do dom da graça e da glória. A veste paradisíaca torna não apenas isso compreensível, mas também que, exatamente como a veste, justiça, inocência e imortalidade lhe devem ser doadas para torná-lo completo. E, enfim, também esta última verdade: assim como a veste vela o corpo, também em Adão a graça sobrenatural cobre aquilo que, na natureza abandonada da glória de Deus e remetida a si mesma, apresenta-se como possibilidade da degeneração da natureza humana naquilo que a escritura chama 'carne', o devir visível da nudez do homem, a sua corrupção e putrefação. Há, portanto, um significado profundo no fato de que a tradição católica chame 'veste' o dote de graça que o homem recebe no Paraíso. O homem pode ser interpretado somente a partir dessa veste de glória, que, de certo ponto de vista, só lhe pertence exteriormente, como faz, de fato, uma veste. Nessa exterioridade da mera veste, exprime-se algo muito importante, ou seja, que a graça pressupõe a natureza criada, a sua 'ausência de vestes', assim como a sua possibilidade de ser desnudada".

Que a natureza humana seja imperfeita, "não interpretável", potencialmente corrupta e carente de graça, a narrativa do *Gênesis* não o diz explicitamente em parte alguma. Afirmando a necessidade da graça, que, tal como uma veste, deve cobrir a necessidade do corpo, a teologia católica faz dela uma espécie de suplemento inelutável que, precisamente por isso, pressupõe a natureza humana como o seu portador obscuro: a "nua corporeidade". Mas essa nudez originária desaparece imediatamente sob a veste de graça para reaparecer somente, como *natura lapsa*, no momento do pecado, isto é, do desnudamento. Como no mitologema político do *homo sacer*, que supõe como um pressuposto impuro, sagrado e, por isso, matável uma vida nua que foi produzida apenas para isso, do mesmo modo a nua corporeidade da natureza humana é apenas o pressuposto opaco daquele originário e luminoso suplemento que é a veste de graça e que, escondido por esta, ressurge à vista quando a cesura do pecado divide novamente a natureza e a graça, a nudez e a veste.

Isso significa que o pecado não introduziu o mal no mundo, mas simplesmente o revelou. Ele consiste essencialmente, pelo menos em relação aos seus efeitos, em tirar uma veste. A nudez, a "nua corporeidade", é o resíduo gnóstico irredutível que insinua na criação uma imperfeição constitutiva e que se trata, em todo caso, de cobrir. E, no entanto, a corrupção da natureza, que agora veio à luz, não preexistia ao pecado, mas foi produzida por este.

7. Se a nudez é marcada, na nossa cultura, por uma herança teológica tão pesada, se ela é só o obscuro, inapreensível pressuposto da veste, então se entende por que ela não podia faltar na performance de Vanessa Beecroft. A olhos tão profundamente (mesmo se inconscientemente) condicionados pela tradição teológica, aquilo que surge quando se tiram as vestes (a graça) não é mais que uma sombra destas, e libertar totalmente a nudez dos esquemas que só nos permitem concebê-las de modo privativo e instantâneo é uma tarefa que requer uma lucidez incomum.

Uma das consequências do nexo teológico que na nossa cultura une estritamente natureza e graça, nudez e veste é, de fato, que a nudez não é um estado, mas um acontecimento. Como pressuposto obscuro da adição de uma veste ou resultado súbito da sua subtração, dom inesperado ou perda imprevidente, ela pertence ao tempo e à história, não ao ser e à forma. Na experiência que podemos ter a partir dela, a nudez é sempre desnudamento e pôr a nu, ou seja, nunca forma e posse estável. Em todo caso, difícil de ser apreendida, impossível de ser contida.

Não surpreende, então, que tanto na Neue Nationalgalerie como nas outras performances anteriores, as mulheres nunca estivessem completamente nuas, visto que tinham sempre um rastro de veste (os sapatos na performance ocorrida na Gagosian Gallery, em Londres, os sapatos e uma espécie de gaze sobre o rosto, na Guggenheim Collection, em Gênova). O *striptease*, isto é, a impossibilidade da nudez, é, nesse sentido, o paradigma da nossa relação com ela. Acontecimento que nunca alcança sua forma completa, forma que não se deixa capturar integralmente no seu acontecer, a nudez é, literalmente, infinita, nunca cessa de acontecer. Enquanto a sua natureza é essencialmente defectiva, enquanto não é mais que o acontecimento da ausência da graça, ela nunca pode saciar o olhar de quem se oferece e que continua avidamente a procurá-la mesmo quando a menor partícula de veste foi removida, quando todas as partes escondidas foram descaradamente exibidas.

E não é um acaso se, quando, no início do século XX, difundiram-se na Alemanha e depois no restante da Europa alguns movimentos que predicavam o nudismo como um novo ideal social, reconciliado com a natureza do homem, isso foi possível apenas opondo à nudez obscena da pornografia e da prostituição a nudez como *Lichtkleid* ("veste de luz"), ou seja, evocando inconscientemente a concepção teológica antiga da nudez inocente como veste de graça. O que os naturistas mostravam não era uma nudez, mas uma veste, não era natureza, mas graça.

Uma pesquisa que procure confrontar-se seriamente com o problema da nudez deveria, portanto, antes de tudo, remontar arqueologicamente à origem da oposição teológica nudez-veste, natureza-graça, porém não para alcançar um estado original precedente à cisão, mas para compreender e neutralizar o dispositivo que a produziu.

8. Um momento decisivo em todos os sentidos na construção do dispositivo teológico natureza (nudez)-graça (veste) é o *De civitate Dei*, de Agostinho. Ele havia elaborado os seus fundamentos conceituais no decorrer da polêmica que o opõe a Pelágio no *De natura et gratia*. Segundo Pelágio, uma das figuras mais íntegras entre aquelas que a ortodoxia dogmática acabou por repelir para as margens da

tradição cristã, a graça não é mais que a natureza humana tal como Deus a criou, munindo-a do livre-arbítrio (*nullam dicit Dei gratiam nisi naturam nostram cum libero arbitrio*). Por isso, à natureza humana está unida de maneira inseparável (*inamissibile*, que não pode ser perdida, irá esclarecer Agostinho para criticá-lo) a possibilidade de não pecar, sem necessidade de uma graça posterior. Pelágio não nega a graça, mas a identifica com a natureza edênica e depois identifica esta com a esfera da possibilidade ou potência (*posse*), que precede a vontade (*velle*) e a ação (*actio*). O pecado de Adão, que é um pecado da vontade, não significa necessariamente, portanto, a perda da graça, transmitida em seguida como uma maldição a toda a espécie humana (*per universam massam*, escreve Agostinho); ao contrário, embora os homens, de fato, tenham pecado e continuem a pecar, ainda é verdade que, pelo menos *de sola possibilitate*, cada homem poderia, no entanto – como poderia Adão no Paraíso –, não pecar.

 É contra essa identificação de natureza e graça que Agostinho se insurge tenazmente nos seus tratados antipelagianos para afirmar a sua diferença irredutível. Está em questão, nessa diferença, nada menos que a descoberta da doutrina do pecado original, que será retomada oficialmente pela Igreja somente dois séculos mais tarde, no segundo sínodo de Orange. Basta, por enquanto, observar que é essa oposição entre os dois conceitos que funda a sua interpretação da condição edênica e da queda de Adão no *De civitate Dei*. Adão e Eva foram criados num corpo animal e não espiritual; mas esse corpo estava revestido pela graça como por uma veste e, por isso, como não conhecia a doença e a morte, assim não conhecia a *libido*, ou seja, a excitação incontrolável das partes íntimas (*obscenae*). *Libido* é o termo técnico que, em Agostinho, define a consequência do pecado. Na base de uma passagem de

Paulo ("*Caro enim concupiscit adversus Spiritum*", *Gal.* 5, 17), ela é definida como rebelião da carne e do seu desejo contra o espírito, como uma cisão irremediável entre carne (*caro – sarx* – é o termo que em Paulo exprime a sujeição do homem ao pecado) e vontade. "Antes do pecado, de fato, como diz a escritura, '*o homem e sua mulher estavam ambos nus e não sentiam vergonha disso*' e não porque não vissem sua nudez, mas porque esta ainda não era indecente, pois a *libido* não perturbava os seus membros contra a vontade [...]. Seus olhos estavam abertos, mas não estavam abertos para conhecer aquilo que lhes era concedido sob a veste de graça, porque não conheciam a rebelião de seus membros contra a vontade. Uma vez perdida essa graça, para punir a sua desobediência com uma pena correspondente, surgiu no impulso do corpo uma obscenidade nova, pelo qual a sua nudez passou a ser indecente, tornando-os conscientes e confusos" (*De Civ. Dei* XIV, 17).

As partes do corpo que podiam ser livremente expostas na glória (*glorianda*) se tornam, então, algo que deve ser escondido (*pudenda*). Daí a vergonha, que impele Adão e Eva a cobrirem-se com as tangas de folhas de figueira e que desde então é tão inseparável da condição humana que, escreve Agostinho, "até mesmo nas tenebrosas solidões da Índia, aqueles que estão habituados a filosofar nus e, por isso, são chamados gimnosofistas, cobrem, todavia, os seus órgãos genitais diferentemente das outras partes do corpo" (*De Civ. Dei XIV, 17*).

9. Nesse momento, Agostinho expõe a sua concepção surpreendente da sexualidade edênica – ou, pelo menos, daquilo que teria sido essa sexualidade se os homens não tivessem pecado. Se a *libido* pós-lapsária se define

através da impossibilidade de controlar os genitais, o estado de graça que precedeu o pecado consistirá, então, no controle perfeito da vontade sobre as partes sexuais. "No Paraíso, se a desobediência culpada não tivesse sido punida com outra desobediência, o matrimônio não teria conhecido essa resistência, essa oposição, essa luta da *libido* e da vontade; ao contrário, tais membros, assim como os outros, estariam a serviço da vontade. Aquilo que foi criado com essa finalidade teria fecundado o terreno da procriação, igualmente como a mão fecunda a terra [...] o homem teria lançado o sêmen e a mulher o teria colhido em seus genitais quando e quanto fosse necessário, graças ao comando da vontade e não pela excitação da *libido*" (*De Civ. Dei* XIV, 23-24).

Para tornar verossímil a sua hipótese, Agostinho não hesita em recorrer a uma exemplificação quase grotesca do controle da vontade sobre aquelas partes do corpo que parecem incontroláveis: "Conhecemos homens que se diferenciam dos outros pela capacidade estupefaciente com que realizam prazerosamente com seu corpo coisas que outros homens não conseguem absolutamente fazer. Há alguns que movem as orelhas, uma ou as duas ao mesmo tempo; outros conseguem movimentar sua cabeleira densa sobre a testa, jogando-a depois para trás tal como desejam; outros, com um simples toque sobre o estômago, vomitam sob comando como se retirassem de um saco tudo o que devoraram. Alguns imitam tão perfeitamente o som dos pássaros, dos animais e as vozes dos outros homens que não é possível não sermos enganados; outros, além disso, emitem pelo ânus a seu bel-prazer e sem nenhum cheiro ruim tantos e tão distintos sons, que parecem quase cantar com aquela parte do corpo" (*De Civ. Dei* XIV, 24). É segundo esse modelo pouco edificante que devemos imaginar a sexualidade edênica na veste da graça. A um aceno da vontade, os genitais se moveriam como movimentamos uma mão, e o marido teria fecundado a esposa sem o estímulo ardente da *libido*: "Teria sido possível transmitir o sêmen do homem à mulher salvando a integridade física dela, assim como hoje o derramamento do fluxo menstrual numa mulher virgem não compromete a sua integridade" (*De Civ. Dei* XIV, 26).

A quimera ("Atualmente", escreve Agostinho, "não há nada que permita demonstrar como isso seja possível") dessa natureza perfeitamente governada pela graça serve para tornar ainda mais obscena a corporeidade da espécie humana depois da queda. A nudez incontrolável dos órgãos genitais é a cifra da corrupção da natureza após o pecado, que a humanidade se transmite através da procriação.

10. É importante sublinhar a concepção paradoxal da natureza humana que está como fundamento dessas afirmações. Ela é solidária da doutrina do pecado original, que Agostinho (embora o termo técnico *peccatum originale* falte ainda) opõe a Pelágio e que, confirmada no Sínodo de Orange, em 529, encontrará a sua elaboração completa somente na Escolástica. Segundo essa doutrina, por causa do pecado de Adão (no qual "pecou toda a humanidade", *Rm*. 5, 12) a natureza humana se corrompeu e sem o socorro da graça tornou-se absolutamente incapaz de fazer o bem. Mas caso se questione agora qual é a natureza que se corrompeu, a resposta não é fácil. Adão foi, de fato, criado na graça, e a sua natureza está, portanto, desde o início, assim como sua nudez, revestida pelos dons divinos. Depois do pecado o homem, visto que abandonou Deus, foi abandonado a si mesmo e deixado inteiramente em poder

da sua natureza. E, no entanto, a perda da graça não deixa simplesmente aparecer a natureza antes da graça – que nos é, de resto, desconhecida –, mas somente uma natureza corrompida (*in deterius commutata*) que resulta da perda da graça. Ou seja, com a subtração da graça vem à luz uma natureza original que já não é mais tal, porque original é só o pecado, do qual ela se tornou o resultado.

Não é um acaso que, no seu comentário à *Suma teológica*, de Tomás, Caetano (Tommaso de Vio),[41] o teólogo sutil que a Igreja Católica opôs a Lutero, em 1518, tenha tido de recorrer a uma comparação com a nudez para tornar compreensível esse paradoxo. A diferença que passa entre uma suposta natureza humana "pura" (isto é, não criada na graça) e uma natureza não originariamente gratificada, que perdeu em seguida a graça – ele escreve – é a mesma que se interpõe entre uma pessoa nua e uma pessoa desnudada (*expoliata*). A analogia é aqui iluminadora no que diz respeito não só à natureza, mas também à nudez e, ao mesmo tempo, esclarece o sentido da estratégia teológica que liga obstinadamente veste e graça, natureza e nudez. Como a nudez de uma pessoa simplesmente nua é idêntica – e, no entanto, diferente – à da mesma pessoa desnudada, assim a natureza humana, que perdeu o que não era natureza (a graça), é diferente do que era antes de ter-lhe sido acrescentada a graça. A natureza é agora definida pela não natureza (a graça) que perdeu, do mesmo modo que a nudez é definida pela não nudez (a veste), da qual foi despida. Natureza e graça, nudez e veste constituem um conjunto singular, cujos elementos são autônomos

---

[41] Tommaso de Vio (Gaeta, 1469 – Roma, 1534), frade dominicano muito conhecido pelo nome Cardeal Caetano. Autor do tratado *De Cambiis*, de 1499. (N. T.)

e separáveis, e, todavia, ao menos no que concerne à natureza, não permanecem inalterados depois da sua separação. Mas isso significa que nudez e natureza são – como tais – impossíveis: há somente o pôr a nu, só existe a natureza corrompida.

11. Que Adão e Eva antes do pecado não pudessem ver a sua nudez porque esta estava recoberta por uma veste de graça não está dito de modo algum na Bíblia. A única coisa certa é que no início Adão e Eva estavam nus e não sentiam vergonha ("O homem e a sua mulher estavam ambos nus, mas não sentiam vergonha"). Depois da queda, sentem, ao contrário, a necessidade de se cobrir com as folhas de figueira. A transgressão do mandamento divino implica, assim, a passagem de uma nudez sem vergonha a uma nudez que deve ser coberta.

A nostalgia de uma nudez sem vergonha e a ideia de que aquilo que se perdeu com o pecado é a possibilidade de estar nu sem se envergonhar afloraram novamente com força nos Evangelhos e nos outros textos extracanônicos (que continuam sem razão a ser definidos como "apócrifos", ou seja, ocultos). Assim, lê-se no *Evangelho de Tomé*: "Os discípulos lhe perguntaram: 'Quando te revelarás a nós, quando te veremos?', e Jesus disse: 'Quando vos despirdes sem vergonha, quando tirardes as vestes e as pisardes sob os vossos pés como crianças, então vereis o filho do deus vivente e não tereis temor dele'".

Na tradição da comunidade cristã dos primeiros dois séculos, a única ocasião em que se admitia estar nu sem vergonha era a do rito batismal, que não concernia habitualmente às crianças recém-nascidas (o batismo dos infantes torna-se obrigatório somente quando a doutrina do pecado original é aceita em toda a Igreja), mas, sobretudo, aos adultos e comportava a imersão na água do catecúmeno nu na presença dos membros da comunidade (é a essa nudez ritual dos batizandos que se deve a relativa e, de outro modo, inexplicável tolerância da nudez balnear na nossa cultura). As *Catequeses mistagógicas,* de Cirilo de Jerusalém, comentam o rito com as seguintes palavras: "Logo que entrardes, tirai-vos imediatamente as vestes, com o intuito de significar a deposição do velho homem e dos seus pecados [...]. Ó maravilha! Estão nus diante dos olhos de todos e não sentem vergonha, porque são a imagem do protoplasto Adão que, no Paraíso, estava nu e não se envergonhava".

As vestes, que o batizando pisa com os seus pés, são "as vestes da vergonha", herdeiras das "túnicas de pele" que os progenitores vestem no momento da expulsão do Paraíso, e são essas vestes que são substituídas após o batismo por uma veste branca de linho. Mas o fato decisivo é que no rito batismal seja precisamente a nudez adâmica sem vergonha a ser evocada como símbolo e penhor da redenção. E é dessa nudez que, na representação do relicário de Santo Isidoro, Eva sente nostalgia, recusando as vestes que Deus a obriga a vestir.

12. "Como crianças": a nudez infantil como paradigma da nudez sem vergonha é um motivo muito antigo não somente nos textos gnósticos como o *Evangelho de Tomé*, mas também em documentos judaicos e cristãos. Embora a doutrina da propagação do pecado original através da procriação implicasse a exclusão da inocência infantil (daí – como vimos – a prática do batismo dos recém-nascidos), o fato de as crianças não sentirem vergonha da sua nudez é frequentemente

aproximado, na tradição cristã, à inocência paradisíaca. "Quando a escritura diz 'estavam ambos nus e não sentiam vergonha', isso significa", lê-se num texto siríaco do século V, "que eles não se davam conta da sua nudez, como acontece com as crianças". Ainda que marcadas pelo pecado original, as crianças, já que não veem a sua nudez, moram numa espécie de limbo, não conhecem a vergonha que sanciona, segundo Agostinho, a aparição da *libido*.

A isso se deve o uso, atestado – ainda que de modo não exclusivo – pelas fontes existentes ainda até o século XVI, de reservar aos *pueri* o canto durante as funções religiosas, quase como se a voz branca trouxesse em si mesma, em consideração às *voces mutatae*, a assinatura da inocência pré-lapsária. *Candida*: branca é a veste de linho que o batizado recebe depois de ter deposto as vestes consideradas como símbolos do pecado e da morte; "Toda branca", escreve Jerônimo, "porque não traz consigo rastro de morte, assim, ao nascermos do batismo, podemos nos cingir os rins na verdade e cobrir toda a vergonha dos pecados vividos". Porém, *candida*, já em Quintiliano, é um atributo da voz (embora não se refira certamente à voz das crianças). Daí, na história da música sacra, a tentativa de assegurar a persistência da voz infantil através da prática da castração dos *pueri cantores* antes da puberdade. A voz branca é a cifra da nostalgia pela inocência edênica perdida – ou seja, por algo do qual, assim como da nudez pré-lapsária, não sabemos mais nada.

13. A persistência das categorias teológicas onde menos esperaríamos encontrá-las tem um perspícuo

exemplo em Sartre. No capítulo de *O ser e o nada*[42] dedicado às relações com o outro, Sartre ocupa-se da nudez a propósito da obscenidade e do sadismo. E o faz em termos que lembram, de muito perto, as categorias agostinianas, tanto que, se a herança teológica, da qual o nosso vocabulário da corporeidade está impregnado, não fosse suficiente para explicá-la, poderíamos pensar que a proximidade é intencional.

O desejo é, antes de tudo, para Sartre, uma estratégia voltada a fazer aparecer no corpo do outro a "carne" (*chair*). O que impede essa "encarnação" (ainda um termo teológico) do corpo não são tanto as vestes materiais e a maquiagem que habitualmente o cobrem como o fato de que o corpo do outro está sempre "em situação", ou seja, já está sempre no ato de realizar este ou aquele gesto, este ou aquele movimento direcionado a um objetivo. "O corpo do outro é sempre, originalmente, corpo em situação; a carne, pelo contrário, aparece como *pura contingência da presença*. De costume, é mascarada pela maquiagem, pelas roupas etc.; mas, sobretudo, é mascarada pelos seus *movimentos*; nada é menos 'em carne' que uma dançarina, ainda que nua. O desejo é a tentativa de despir o corpo dos seus movimentos tal como das suas vestes para fazê-lo existir como pura carne; é uma tentativa de *encarnação* do corpo do outro".

Sartre chama "graça" a esse ser sempre já em situação do corpo do outro: "Na *graça*, o corpo aparece como um psiquismo em situação. Revela, antes de tudo, a sua transcendência, como transcendência transcendida; está em ato e é compreendido perfeitamente a partir da

---

[42] SARTRE, Jean-Paul. *O ser e o nada*. Tradução e notas de Paulo Perdigão. Petrópolis: Vozes, 1997. (N.T.)

situação e do fim que persegue. Cada um de seus movimentos é tomado num processo perceptivo que vai do presente ao futuro [...]. E é essa imagem em movimento da necessidade e da liberdade [...] que constitui precisamente a graça [...]. Na graça o corpo é um instrumento que manifesta a liberdade. O ato gracioso, enquanto manifesta o corpo como instrumento de precisão, fornece-lhe a cada instante a sua justificação de existir".

Do mesmo modo, a metáfora teológica da graça como veste que impede a percepção da nudez comparece nesse momento: "A facticidade é, portanto, vestida e mascarada pela graça: a nudez da carne está integralmente presente, mas não pode ser *vista*. De tal maneira que a sedução suprema, o desafio último da graça, é exibir o corpo sem véus, sem outra veste ou véu que não seja a própria graça. O corpo mais gracioso é o corpo nu cujos atos circundam com uma veste invisível, escondendo completamente a sua carne, embora esta esteja totalmente exposta aos olhos dos espectadores".

É contra essa veste de graça que está dirigida a estratégia do sádico. A encarnação especial que ele quer realizar é "o obsceno", mas este não é outra coisa senão a ausência da graça: "O obsceno é um modo de ser-para-o-outro que pertence ao gênero do desgraçado [*disgracieux*] [...]. Aparece quando um dos elementos da graça é impedido na sua realização [...], quando o corpo assume algumas posições que o despem completamente dos seus atos e põem a nu a inércia da carne". Por isso o sádico procura por todos os meios fazer com que a carne apareça, fazer com que sejam assumidos pela força exercida sobre o corpo do outro certos comportamentos incongruentes e certas posições que revelem a sua obscenidade, isto é, a perda irreparável de toda graça.

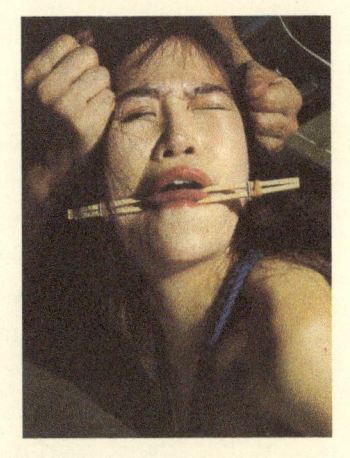

14. As análises que têm sólidas – embora inconscientes – raízes teológicas são muitas vezes pertinentes. Em muitos países difundiu-se recentemente um gênero de publicações sadomasoquistas que mostram, em primeiro lugar, a futura vítima vestida elegantemente no seu contexto habitual, enquanto sorri ou passeia com algumas amigas ou folheia absorta uma revista. Ao virar a página, o leitor pode bruscamente ver a mesma mulher desnudada, amarrada e submetida a constrições que a fazem assumir as posições mais antinaturais e penosas, retirando toda graça também dos traços do seu rosto, deformados e alterados por instrumentos especiais. O dispositivo sádico, com as suas amarras, as suas *poires d'angoisse*[43] e os seus chicotes, é aqui o perfeito equivalente profano do pecado que, segundo os teólogos, remove a veste de graça e liberta bruscamente no corpo a ausência de graça que define a "nua corporeidade". Aquilo que o sádico procura apreender não é mais que o decalque vazio da graça, a sombra que o ser em situação (a jovem

---

[43] Em francês no original: a *poires d'angoisse* é um instrumento de tortura cujas origens remontam à Idade Média. (N.T.)

vestida na fotografia da página anterior) ou que a veste de luz lançam sobre o corpo. Mas precisamente por isso o desejo do sádico – como Sartre não deixa de fazer notar – está destinado à falência, nunca consegue apreender verdadeiramente entre as suas mãos a "encarnação" que procurou engenhosamente produzir. Sem dúvida, o resultado parece ter sido alcançado, o corpo do outro é agora inteiramente carne obscena e ofegante, que conserva docemente a posição que o algoz lhe atribuiu e parece ter definitivamente perdido a liberdade e a graça. Mas é exatamente essa liberdade que permanece necessariamente para ele inatingível: "Quanto mais o sádico se encarniça em tratar o outro como um instrumento tanto mais essa liberdade lhe escapa".

A nudez, o "desgraçado" que o sádico procura agarrar não é, assim como a nua corporeidade de Adão para os teólogos, mais que a hipóstase e o suporte evanescente da liberdade e da graça, o que se deve pressupor na graça para que algo como o pecado possa acontecer. A nua corporeidade, como a vida nua, é apenas o portador obscuro e impalpável da culpa. Na verdade, há somente o pôr a nu, apenas a gesticulação infinita que retira do corpo a veste e a graça. A nudez na nossa cultura acaba, portanto, por assemelhar-se ao lindíssimo nu feminino que Clemente Susini moldou em cera para o Museu de História Natural do Grã-Duque da Toscana, que é possível destapar camada por camada deixando aparecer, em primeiro lugar, as paredes torácicas e abdominais, depois a panóplia dos pulmões e das vísceras ainda cobertas pelo omento maior, em seguida o coração e as sinuosidades intestinais e, por fim, o útero, no qual se entrevê um pequeno feto. Mas, por mais que o olhar o abra e o apalpe, o corpo nu da bela desventrada permanece obstinadamente inatingível.

Daí a impureza e quase sacralidade que parecem ligar-se intimamente a ele. A nudez, tal como a natureza, é impura, porque a ela só se acede tirando a veste (a graça).

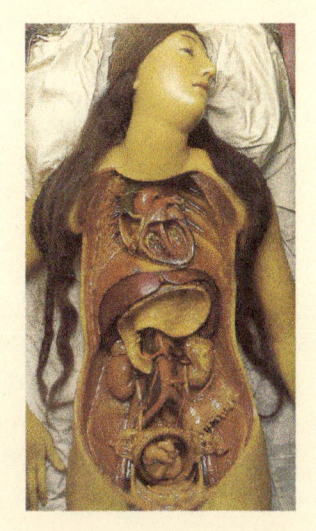

15. Em novembro de 1981, Helmut Newton[44] publicou na *Vogue* uma imagem em forma de díptico, que se tornou depois célebre com o título "They are Coming". Na página esquerda da revista, viam-se quatro mulheres completamente nuas (à parte os sapatos, os quais o fotógrafo, ao que parece, não pôde deixar de fora) que caminhavam frígidas e esticadas como modelos num desfile de moda. A página seguinte, à direita, mostrava as mesmas modelos na mesma e idêntica posição, mas, desta vez, perfeita e elegantemente vestidas. O efeito singular produzido pelo díptico é que as duas imagens são, contra qualquer aparência,

---

[44] Helmut Newton (Berlim, 1920 – Los Angeles, 2004) foi um fotógrafo alemão especialista em moda muito conhecido por suas pesquisas e fotografias de nu feminino. A série *Big Nudes* deu muita notoriedade internacional ao seu trabalho. (N.T.)

iguais. As modelos vestem a sua nudez exatamente como, na página ao lado, vestem as suas roupas. Embora não seja verossímil atribuir ao fotógrafo uma intenção teológica, é evidente que o dispositivo nudez/veste parece ser ali evocado e, talvez inconscientemente, colocado em questão. Tanto mais que, voltando a publicar dois anos mais tarde o mesmo díptico em *Big Nudes*, Newton inverteu a ordem das imagens, de modo que as mulheres vestidas precediam, agora, as mulheres nuas, tal como, no Paraíso, a veste de graça precedia o desnudamento. Mas, também nessa ordem, o efeito restava imutável: nem os olhos das modelos nem os do espectador se abriram, não há nem vergonha nem glória, nem *pudenda* nem *glorianda*. E a equivalência entre as duas imagens é ainda acrescida pelo rosto das modelos, o qual, como convém a certos manequins, manifesta nas duas fotografias a mesma indiferença. O rosto, que, nas figurações pictóricas da queda, é o lugar em que o artista manifesta a dor, a vergonha e o espanto dos caídos (podemos pensar, entre todas essas figurações, no afresco de Masaccio na Capela Brancacci, em Florença), adquire aqui a mesma inexpressividade gélida, ou seja, não é mais rosto.

Essencial é, de todo modo, que também nesse caso, assim como na performance de Vanessa Beecroft, a nudez não tenha tido lugar. É como se a nua corporeidade e a natureza caída, que funcionavam como pressuposto teológico da veste, tivessem sido ambas eliminadas, e o desnudamento não tivesse, por isso, mais nada a revelar. Há somente a veste da moda, isto é, um indecidível de carne e de tecido, de natureza e de graça. A moda é a herdeira profana da teologia da veste, a secularização mercantil da condição edênica pré-lapsária.

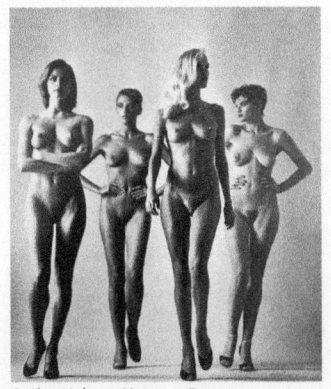

© The Helmut Newton Estate

16. Na narrativa do *Gênesis*, o fruto que Eva oferece a Adão provém da árvore do conhecimento do bem e do mal e, segundo as palavras tentadoras da serpente, é destinado a fazê-los "abrir os olhos" e a comunicar-lhes esse conhecimento ("Quando comerdes dele, abrir-se-ão os vossos olhos e tornar-vos-ei como Deus, conhecendo o bem e o mal", *Gên.* 3, 5). E, com efeito, os olhos de Adão e Eva abrem-se logo em seguida, mas o que naquele momento conhecem é designado na Bíblia apenas como nudez: "Assim, abriram-se os seus olhos e tiveram conhecimento de que estavam nus". O único conteúdo do conhecimento do bem e do mal é, portanto, a nudez: mas o que é a nudez como primeiro objeto e conteúdo do conhecimento? O que se conhece quando se conhece uma nudez?

Rashi,[45] comentando esse versículo da Bíblia, escreve: "O que significa 'conheceram que estavam nus'? Significa que haviam recebido de Deus um único preceito e que

---

[45] Rabi Shlomo Yitzhaki (22 de fevereiro de 1040 – 13 de julho de 1105) foi um rabino francês, autor dos primeiros comentários acerca do Talmude, da Torá e do Tanach (Bíblia hebraica), conhecido também como Rashi. (N.T.)

haviam se despido dele". E o *Gênesis Rabá*[46] indica que o homem e a mulher haviam se privado da justiça e da glória que a observância do mandamento comportaria. Segundo o dispositivo que já deveria nos ser familiar, o conhecimento da nudez é, mais uma vez, reconduzido a uma privação, só é conhecimento de que algo de invisível e de insubstancial (a veste de graça, a justiça da observância) se perdeu.

Dessa ausência de conteúdo do primeiro conhecimento humano é possível, no entanto, outra interpretação. Que o primeiro conhecimento seja desprovido de conteúdo pode, de fato, significar que não é conhecimento de algo, mas de uma pura cognoscibilidade; que, conhecendo a nudez, não se conhece um objeto, mas apenas uma ausência de véus, apenas uma possibilidade de conhecer. A nudez, que os primeiros homens viram no Paraíso quando os seus olhos se abriram, é, portanto, abertura da verdade, da ilatência (*a-letheia*, "não ocultação") que por si mesma torna possível o conhecimento. Não estarem mais cobertos pela veste de graça não revela a obscuridade da carne e do pecado, mas a luz da cognoscibilidade. Por trás da pressuposta veste de graça não há nada, e exatamente esse não ter nada por trás de si, sendo pura visibilidade e presença, é a nudez. E ver um corpo nu significa perceber a sua pura cognoscibilidade para além de qualquer segredo, para além ou aquém dos seus predicados objetivos.

17. Uma exegese desse gênero não é totalmente desconhecida pela teologia cristã. Na tradição oriental, representada por Basílio, o Grande e por João Damasceno, o

---

[46] *Bereshit* (*Bereshít*, "no início", "no princípio") é a palavra que dá nome à primeira parte da Torá. *Bereshit* é o que a tradição ocidental comumente chama de Gênesis. (N.T.)

conhecimento da nudez (*epignōsis tēs gymnotētos*) significa a perda da condição de êxtase e de feliz ignorância de si que definiam a condição edênica e o consequente emergir no homem da desgraçada cobiça de "cobrir as faltas" (*tou leipontos anaplerōsis*). Antes do pecado, o homem vivia, então, numa condição de ócio (*scholē*) e de plenitude; o abrir dos olhos significa, na verdade, o fechar dos olhos da alma e a percepção do seu estado de plenitude e de beatitude como um estado de fraqueza e de *atechnia*, de falta de saber. Aquilo que o pecado revela não é, assim, uma falta e um defeito na natureza humana, que a veste de graça interveio para preencher: ele, ao contrário, consiste em perceber como falta a plenitude que definia a condição edênica.

Se o homem tivesse permanecido no Paraíso, escreve Basílio, não deveria as suas vestes nem à natureza (como os animais) nem à técnica, mas somente à graça divina, que respondia ao amor que ele prestava a Deus. Forçando-o a abandonar a bem-aventurada contemplação edênica, o pecado precipita o homem na procura vã das técnicas e das ciências que o distraem da contemplação de Deus. A nudez, nessa tradição, não se refere, como em Agostinho e na tradição latina, à corporeidade, mas à perda da contemplação – que é conhecimento da pura cognoscibilidade de Deus – e à sua substituição pelas técnicas e pelos saberes mundanos. No Paraíso, de fato, Adão goza de um estado de perfeita contemplação, que culmina no êxtase, quando Deus o faz cair adormecido para tirar-lhe a costela ("Através do êxtase", escreve Agostinho, "ele participa da corte angélica e, penetrando no santuário de Deus, compreende os seus mistérios", *Gen. ad lit.* IX, 19). A queda não é queda da carne, mas da mente; a inocência perdida e a nudez não dizem respeito a um certo modo de fazer amor, mas à hierarquia e às modalidades do conhecimento.

18. A nudez – ou melhor, o desnudamento – como cifra do conhecimento faz parte do vocabulário da filosofia e da mística. E não só no que se refere ao objeto do conhecimento supremo, que é o "ser nu" (*esse autem Deus esse nudum sine velamine est*), mas também quanto ao próprio processo do conhecimento. Na psicologia medieval, o meio do conhecimento é a imagem ou "fantasma" ou espécie. O processo que leva ao conhecimento perfeito é descrito, portanto, como um progressivo pôr a nu desse "fantasma" que, passando da sensação à imagem e à memória, despe-se pouco a pouco dos seus elementos sensíveis para se apresentar, no final, uma vez realizada a *denudatio perfecta*, como "espécie inteligível", imagem ou intenção pura. No ato da intelecção, a imagem está perfeitamente nua e – escreve Avicena[47] – "se não estivesse já nua, todavia, ficaria, porque a faculdade contemplativa a despe de modo que nenhuma afeição material permaneça nela". O conhecimento consumado é contemplação em uma nudez de uma nudez.

Num sermão de Eckhart, tal conexão entre imagem e nudez é desdobrada posteriormente num sentido que faz da imagem, identificada com a "essência nua", algo como o meio puro e absoluto do conhecimento. "A imagem", ele explica, "é uma emanação simples e formal, que transfunde na sua totalidade a essência nua, como a considera o metafísico [...]. Essa é uma vida [*vita quaedam*] que podes conceber como uma coisa que começa a inchar-se e a tremer [*intumescere et bullire*] em si e a partir de si mesma, sem, porém, pensar, ao mesmo tempo, no seu expandir-se para fora [*necdum cointellecta*

---

[47] O polímata persa Abū ʿAlī al-Ḥusayn ibn ʿAbd Allāh ibn Sīnā (Bucara, 980 – Hamadan, Irã, 1037), também conhecido como Avicena, escreveu tratados sobre filosofia, astronomia, alquimia, teologia islâmica, lógica, matemática e física. (N.T.)

ebullitione]". Na terminologia de Eckhart, *bullitio* indica o tremor ou a tensão interna do objeto na mente de Deus ou do homem (*ens cognitivum*), enquanto *ebullitio* significa a condição do objeto real, fora da mente (*ens extra animam*). A imagem, enquanto manifesta o ser nu, é um meio perfeito entre o objeto na mente e a coisa real e, como tal, não é um simples objeto lógico nem um ente real: é algo vivo ("uma vida"), é o tremor da coisa no meio da sua cognoscibilidade, é o frêmito em que se dá a conhecer: "As formas que existem na matéria", escreve um aluno de Eckhart, "tremem incessantemente [*continue tremant*], assim como num estreito de mar em ebulição [*tamquam in eurippo, hoc est in ebullitione*] [...]. Por isso, delas não se pode conceber nada de certo nem de estável".

A nudez do corpo humano é a sua imagem, isto é, o tremor que o torna cognoscível, mas que permanece, em si, inapreensível. Daí o fascínio totalmente especial que as imagens exercem sobre a mente humana. E precisamente porque a imagem não é a coisa, mas a sua cognoscibilidade (a sua nudez), não manifesta nem significa a coisa; e, todavia, visto que não é mais do que o doar-se da coisa ao conhecimento, o seu despir-se das vestes que a cobrem, a nudez não é diferente da coisa, ela é a própria coisa.

19. Uma tentativa de pensar a nudez na sua complexidade teológica e, ao mesmo tempo, de ir além dela foi realizada por Benjamin. Quase no final do ensaio sobre as *Afinidades eletivas*, a propósito do personagem de Otília (na qual via uma figura da mulher por ele amada nesse momento, Jula Cohn), interroga-se sobre a relação entre véu e velado, aparência e essência na beleza. Na beleza, véu e velado, o invólucro e o seu objeto estão ligados

por uma relação necessária que Benjamin define como "segredo" (*Geheimnis*). Ou seja, belo é o objeto ao qual o véu é essencial. Que Benjamin esteja consciente da espessura teológica dessa tese, que liga irrevogavelmente véu e velado, é sugerido pelo fato de reportá-la "à ideia antiquíssima" segundo a qual no desvelamento o velado se transforma, pois só permanece "igual a si mesmo" sob o invólucro. Por isso a beleza é, na sua essência, indesvelável: "Desvelado, o objeto belo resultar-se-ia infinitamente inaparente [...]. Assim, diante de tudo o que é belo, a ideia do desvelamento se torna aquela da sua indesvelabilidade [...]. Se só o belo, e nada fora dele, pode existir essencialmente velando e permanecendo velado, então é no segredo que se encontra o fundamento divino da beleza. A aparência, nesta, é precisamente isto: não o invólucro supérfluo da coisa em si, mas o necessário das coisas para nós. Divinamente necessário é esse véu em determinados tempos, assim como é divinamente estabelecido que, desvelado fora de tempo, se volatiza em nada esse Inaparente, com o qual a revelação desfaz os segredos".

Exatamente em relação ao ser humano e à sua nudez, essa lei, que, na beleza, une inseparavelmente véu e velado, falta, pelo contrário, inesperadamente. Por causa da unidade que formam nela o véu e o velado, a beleza, escreve Benjamin, só pode existir como essência onde não há a dualidade entre nudez e veste: na arte e nos fenômenos da natureza nua. "Quanto mais claramente, pelo contrário, se exprime essa dualidade, para se intensificar ao máximo no ser humano, tanto mais se torna evidente que, na nudez sem véus, o essencialmente belo desaparece, e, no corpo nu do homem, é alcançado um ser para além de toda beleza: o sublime, e uma obra para além de todo produto: a obra do criador".

No corpo humano – e, em particular, no romance, em Otília, que dessa pura aparência é o paradigma – a beleza só pode ser aparente. Por isso, enquanto nas obras da arte e da natureza vale o princípio da indesvelabilidade, no corpo vivo se afirma implacável o princípio oposto, segundo o qual "nada de mortal é indesvelável". Não apenas, portanto, a possibilidade de ser desnudada condena a beleza humana à aparência, pois a desvelabilidade constitui de algum modo a sua cifra: no corpo humano, a beleza é essencial e infinitamente "desvelável", pode ser sempre exibida como mera aparência. Há, porém, um limite. Para além dele não se encontra uma essência que não pode ser posteriormente desvelada nem a *natura lapsa*, mas o próprio véu, a própria aparência, que não é mais aparência de nada. Esse resíduo indelével de aparência, no qual nada aparece, essa veste, que nenhum corpo pode mais vestir, é a nudez humana. Ela é o que permanece, quando se retira o véu da beleza. Sublime ela o é, porque como, segundo Kant, a impossibilidade de apresentar sensivelmente a ideia se inverte, em certo ponto, numa apresentação de ordem superior, em que é apresentada, por assim dizer, a própria apresentação; de tal modo, na nudez sem véus, a aparência acede ela mesma à aparência e mostra-se, assim, infinitamente inaparente, infinitamente desprovida de segredo. Portanto, sublime é a aparência no momento em que exibe a sua vacuidade e, nessa exibição, deixa acontecer o inaparente.

    Por isso, no final do ensaio, é precisamente confiada à aparência "a esperança mais extrema", e o princípio, segundo o qual é absurdo desejar a aparência do bem, "sofre a sua única exceção". Se a beleza era, no seu íntimo, segredo, ou seja, relação necessária de aparência e de essência, véu e velado, aqui a aparência se desfaz desse vínculo e brilha sozinha por um instante como "aparência do bem". A luz da qual resplandece é, por isso, opaca, como só é possível encontrar em certos textos gnósticos: não mais invólucro necessário e indesvelável da beleza, ela é agora a aparência, *na medida em que nada aparece através dela*. O lugar em que essa inaparência, essa ausência sublime de segredo da nudez humana, mostra-se de modo evidente é o rosto.

20. Entre o fim dos anos 1920 e o início dos anos 1930, Benjamin ligou-se a um grupo de amigas muito atraentes, entre elas Gert Wissing, Olga Parem e Eva Hermann, que via terem em comum uma mesma e especial relação com a aparência. Nos diários escritos na Costa Azul, entre maio e junho de 1931, procura descrever tal relação, associando-a ao tema da aparência que havia confrontado alguns anos antes no ensaio sobre o romance de Goethe: "A mulher de Speyer", escreve, "referiu-me estas palavras surpreendentes de Eva Hermann, durante os dias da sua depressão mais profunda: 'Se já sou infeliz, nem por isso devo sair por aí com um rosto cheio de rugas'. Essa frase me fez compreender muitas coisas, em primeiro lugar que o contato periférico que nos últimos tempos tive com essas criaturas – Gert, Eva Hermann, etc. – é apenas um eco fraco e tardio de uma das experiências fundamentais da minha vida: a da aparência [*Schein*]. Ontem falei sobre isso com o Speyer, que de sua parte também refletiu sobre essas pessoas e fez a curiosa observação de que elas não têm nenhum senso de honra ou, ainda, que o seu código de honra é dizer tudo. Isso é muito justo e prova quão profunda é a obrigação que elas sentem no que diz respeito à aparência. Pois esse 'dizer tudo' é entendido, antes, como algo que serve para anular

o que é dito, ou melhor, uma vez anulado, para fazer dele um objeto: somente enquanto aparente [*scheinhaft*] ele se torna para elas assimilável".

Poderíamos definir como "niilismo da beleza" esse comportamento, comum a muitas mulheres belas, que consiste em reduzirem a sua beleza a pura aparência e em exibirem, depois, com uma espécie de tristeza desencantada, essa aparência, desmentindo obstinadamente toda ideia de que a beleza possa significar alguma coisa diferente de si mesma. Mas é precisamente a ausência de ilusões sobre si própria, a nudez sem véus que a beleza alcança desse modo, que lhe oferece a sua atração mais temível. Esse desencantamento da beleza, esse niilismo especial atinge a sua fase extrema nas manequins e nas modelos, que aprendem, antes de qualquer coisa, a anular no seu rosto qualquer expressão, de modo que se torna puro valor de exposição e adquire, por isso, um fascínio especial.

21. Na nossa cultura, a relação rosto/corpo é marcada por uma assimetria fundamental, que quer que o rosto permaneça sempre mais nu, enquanto o corpo está por norma coberto. A esta assimetria corresponde um primado da cabeça, que se manifesta dos modos mais variados, mas que permanece mais ou menos constante em todos os âmbitos, da política (na qual o titular do poder é chamado de *capo*[48]) à religião (a metáfora cefálica de Cristo em Paulo), da arte (na qual se pode representar a cabeça sem corpo – o retrato –, mas não – como é evidente no "nu" – o corpo sem cabeça) à vida cotidiana, na qual o rosto é por excelência o lugar da expressão. Isso parece confirmado pelo fato de que, enquanto as outras espécies animais apresentam muitas vezes precisamente no corpo os signos expressivos mais vivos (os ocelos da pele do leopardo, as cores flamejantes das partes sexuais do mandril, mas também as asas da borboleta e a plumagem do pavão), o corpo humano é singularmente desprovido de traços expressivos.

Essa supremacia expressiva do rosto tem a sua confirmação e, ao mesmo tempo, o seu ponto de fraqueza na vermelhidão incontrolável em que se atesta a vergonha da nudez. Talvez seja por essa razão que a reivindicação da nudez parece colocar, antes de tudo, em questão o primado do rosto. Que a nudez de um belo corpo possa eclipsar ou tornar invisível o rosto está dito claramente no *Cármides*, o diálogo que Platão consagra à beleza. Cármides, o jovem que dá nome ao diálogo, tem um belo rosto, mas, diz um dos interlocutores, o seu corpo é tão belo que, "se ele consentisse despir-se, creríeis que não tem um rosto" (*Car.* 154d) – que era literalmente

---

[48] Em italiano, o termo *capo* pode significar tanto "cabeça" como "chefe". (N.T.)

"sem rosto" (*aprosōpos*). A ideia de que o corpo nu possa contestar o primado do rosto para colocar-se ele mesmo como rosto está implícita nas respostas das mulheres nos processos de feitiçaria que, interrogadas sobre o porquê de beijarem no Sabá o ânus de Satanás,[49] defendiam-se afirmando que nele também havia um rosto. De modo semelhante, enquanto, nos primórdios da fotografia erótica, as modelos deviam ostentar no rosto uma expressão romântica e sonhadora, como se a lente objetiva as tivesse surpreendido, não vista, na intimidade do seu *boudoir*, no decorrer do tempo esse procedimento inverte-se e a única tarefa do rosto torna-se a de exprimir a consciência despudorada da exposição do corpo nu ao olhar. O descaramento (a perda do rosto) é agora a contrapartida necessária da nudez sem véus. O rosto, tornado cúmplice da nudez, olhando em direção à objetiva ou piscando ao expectador, dá a ver uma ausência de segredo, exprime somente um dar-se a ver, uma pura exposição.

22. Uma miniatura num manuscrito da *Clavis physicae*, de Honório de Autun,[50] mostra um personagem (trata-se talvez do autor) que tem na mão uma pequena faixa, na qual se lê: "*Involucrum rerum petit is sibi fieri clarum*", "este procura fazer-se claro do invólucro das coisas". Poder-se-ia definir a nudez como o invólucro

---

[49] Para aprofundar tal questão, indica-se o livro de Carlo Ginzburg *História noturna: decifrando o sabá*. Tradução de Nilson Moulin. São Paulo: Companhia das Letras, 2012. (N.T.)

[50] Honorius Augustodunensis, ou Honório de Autun (1080-1153), foi um sacerdote, geógrafo, teólogo, filósofo e cosmólogo alemão da Idade Média. Suas obras se encontram no volume 172 da *Patrologia latina*, de Jacques-Paul Migne (*Patrologiae cursus completus. Series latina*. Paris, 1882). (N.T.)

no momento em que se torna claro que não é possível chegar através dela à clareza. É nesse sentido que se deve entender a máxima goethiana segundo a qual a beleza "nunca pode chegar a ser clara em relação a si mesma". Só porque permanece até o último "invólucro", só porque permanece em sentido literal "inexplicável", a aparência, que alcança na nudez a sua fase suprema, pode dizer-se bela. Que da nudez e da beleza não se possa chegar à clareza não significa, porém, que exista nelas um segredo que não conseguimos trazer à luz. Tal aparência seria misteriosa, mas, exatamente por isso, não seria invólucro, porque também se poderia sempre continuar a procurar o segredo que nela se esconde. No invólucro inexplicável, pelo contrário, não há segredo algum, e, desnudado, mostra-se como pura aparência. O belo rosto, que exibe sorrindo a sua nudez, diz apenas: "Querias ver o meu segredo? Querias chegar à clareza do meu invólucro? Então, olha isto, se fores capaz, olha esta absoluta, imperdoável ausência de segredo!". O matema[51] da nudez é, nesse sentido, simplesmente: *haecce!*, "não há nada mais do que isto". E, no entanto, é justamente esse desencantamento da beleza na nudez, essa sublime e miserável exibição da aparência para além de todo mistério e todo significado, que desativa de algum modo o dispositivo teológico para deixar ver, para além do prestígio da graça e das seduções da natureza corrompida, o simples e inaparente corpo humano. A desativação do dispositivo retroage, assim, tanto sobre a natureza como sobre a graça, tanto sobre a nudez como sobre a veste, libertando-as da sua assinatura teológica. Essa simples morada da aparência na ausência de segredo

---

[51] O termo "matema" é usado por Jacques Lacan; trata-se de uma escrita algébrica que busca a transmissão da psicanálise. (N.T.)

é o seu tremor especial – a nudez, que, igualmente como uma voz branca, nada significa e, exatamente por isso, nos trespassa.

O corpo glorioso

1. O problema do corpo glorioso, isto é, da natureza e das características – e, mais em geral, da vida – do corpo dos ressuscitados no Paraíso, é o capítulo supremo da teologia, como tal classificado pelo tratadismo sob a rubrica *de fine ultimo*. No entanto, precisamente no que concernia às coisas últimas, quando a cúria romana, para firmar o seu compromisso com a modernidade, decidiu fechar a porta escatológica, ele foi apressadamente colocado à parte ou, ainda mais, congelado como algo, se não obsoleto, pelo menos certamente embaraçoso. Até que o dogma da ressurreição da carne permaneça como parte essencial da fé cristã, essa pendência não pode, porém, senão resultar contraditória. Nas páginas seguintes, será precisamente a retomada desse tema teológico congelado que nos permitirá colocar um problema igualmente ineludível: o do estatuto ético e político da vida corpórea (o corpo dos ressuscitados é numérica e materialmente o mesmo que tinham durante a sua existência terrena). Isso significa que nos serviremos do corpo glorioso como paradigma para pensar as figuras e os usos possíveis do corpo humano enquanto tal.

2. O primeiro problema com que os teólogos devem confrontar-se é o da identidade do corpo dos ressuscitados. Posto que a alma terá de reassumir o mesmo corpo, como definir a sua identidade e sua integridade? Uma questão preliminar era a da idade dos ressuscitados. Estes deverão ressuscitar com a idade que tinham quando morreram, decrépitos se decrépitos, crianças se crianças, homens maduros se homens maduros? O homem, responde Tomás, deve ressuscitar sem nenhum defeito natural; mas a natureza pode ser defeituosa porque ainda não alcançou a sua perfeição (como acontece nas crianças) ou porque a superou (como acontece nos velhos). A ressurreição levará cada um à sua perfeição, que coincide com a juventude, isto é, com a idade de Cristo ressuscitado (*circa triginta annos*). O Paraíso é um mundo de seres humanos de 30 anos, em equilíbrio invariável entre o crescimento e a decadência. Quanto ao resto, porém, eles conservarão as diferenças que os distinguiam, antes de tudo (contra os que afirmavam que os ressuscitados, visto que a condição feminina é imperfeita, teriam sido todos do sexo masculino) a diferença sexual.

3. Mais insidiosa é a questão da identidade material entre o corpo do ressuscitado e aquele que lhe cabia na Terra. Como pensar, de fato, a identidade integral de cada parcela de matéria entre os dois corpos? Talvez cada grão de pó em que o corpo se decompôs retomará o mesmo lugar que ocupava no corpo vivo? Exatamente aqui começam as dificuldades. Certamente se pode conceder que a mão amputada de um ladrão – mais tarde arrependido e redimido – volte a conjugar-se com o corpo no momento da ressurreição. Mas a costela de Adão, que lhe foi retirada para formar o corpo de Eva, ressuscitará neste ou em Adão? E, no caso de um antropófago, a carne humana que comeu e assimilou no seu corpo deverá ressuscitar no corpo da vítima ou no dele?

Uma das hipóteses que coloca à mais dura prova a sutileza dos Padres da Igreja é a do filho de um antropófago que se alimentou somente de carne humana ou, realmente, só de embriões. Segundo a ciência medieval, o sêmen é gerado *de superfluo alimenti*, pelo excedente da digestão dos alimentos. Isso significa que uma mesma carne pertencerá a mais corpos (o do devorado e o do filho) e deverá, portanto – o que é impossível –, ressuscitar em corpos diferentes. A solução desse último caso dá lugar, segundo Tomás, a uma partilha salomônica. "Os embriões como tais não tomarão parte na ressurreição se não forem antes vivificados pela alma racional. Mas, nesse momento, uma nova nutrição veio acrescentar-se pelo útero materno à substância do sêmen. Por isso, mesmo se alguém se alimentasse de embriões humanos e fosse gerado pela parte supérflua desse alimento, a substância do sêmen ressuscitaria naquele que é gerado por ele: a menos que naquele sêmen não estivessem contidos elementos pertencentes à substância dos sêmens daqueles de cujas carnes devoradas foi produzido o sêmen: pois tais elementos ressurgirão no primeiro e não no segundo. Depois, os restos das carnes ingeridas, que não se transformaram em sêmen, é evidente que ressuscitarão no primeiro indivíduo, enquanto a potência divina irá intervir para suprir as partes que faltam".

4. Ao problema da identidade dos ressuscitados Orígenes[52] havia dado uma solução elegante e menos confusa.

---

[52] Orígenes (Alexandria, Egito, 185 – Cesareia ou, mais provavelmente, Tiro, 253) foi um teólogo e filósofo grego idealizador do primeiro grande sistema de filosofia cristã. (N.T.)

O que permanece constante em cada indivíduo, ele sugeria, é a imagem (*eidos*) que nós continuamos a reconhecer, apesar das mudanças inevitáveis, todas as vezes que o vemos, e é essa mesma imagem que garantirá a identidade do corpo ressuscitado: "Como o nosso *eidos* permanece idêntico da infância até a velhice, embora os nossos traços materiais sofram uma mudança contínua, do mesmo modo é o *eidos* que tínhamos durante a nossa existência terrena que ressuscitará e permanecerá idêntico no mundo por vir, ainda que mudado para melhor e mais glorioso". A ideia de uma semelhante ressurreição "imaginária", como muitos outros temas de Orígenes, era suspeita de heresia. Todavia, à obsessão de uma identidade material integral substituiu-se progressivamente a ideia de que cada parte do corpo humano permanecesse imutável quanto ao seu aspecto (*species*), mas estivesse em um fluxo e refluxo contínuo (*fluere et refluere*) quanto à matéria que a compõe. "De maneira que nas partes que compõem um homem", escreve Tomás, "ocorre o que se verifica na população de uma cidade, onde os indivíduos morrem e desaparecem e outros substituem o seu lugar. Do ponto de vista material, os componentes do povo sucedem-se, mas formalmente ele permanece o mesmo [...]. Igualmente, também no corpo humano há partes que, no seu fluir, são substituídas por outras partes na mesma figura e no mesmo lugar, de modo que todas as partes fluem e refluem segundo a matéria, mas o homem resta idêntico quanto ao número". O paradigma da identidade paradisíaca não é a igualdade material, que hoje as polícias do planeta procuram fixar através dos dispositivos biométricos, mas a imagem, isto é, a semelhança do corpo consigo mesmo.

5. Uma vez garantida a identidade do corpo glorioso com o corpo terreno, cabe ainda verificar o que o distingue

deste último. Os teólogos elencam quatro características da glória: impassibilidade, agilidade, sutileza e claridade.

Que o corpo dos bem-aventurados seja impassível não significa que não tenha a capacidade de perceber, que é parte imprescindível da perfeição de um corpo. De outro modo, a vida dos bem-aventurados se assemelharia a uma espécie de sono, isto é, seria uma vida partida ao meio (*vitae dimidium*). Significa, muito mais, que ele não se sujeitará àquelas paixões desordenadas que, pelo contrário, arrancar-lhe-iam a sua perfeição. O corpo glorioso estará, de fato, submetido em todas as suas partes ao domínio da alma racional, por sua vez perfeitamente submetida à vontade divina.

Alguns teólogos, todavia, escandalizados com a ideia de que no Paraíso possa existir alguma coisa para ser cheirada, saboreada ou tocada, excluem alguns sentidos do estado paradisíaco. Tomás e com ele a maioria dos Padres da Igreja recusam tal amputação. O olfato dos bem-aventurados não será desprovido de objeto: "Não diz a Igreja nos seus cantos que o corpo dos santos emana um perfume muito suave?". O odor do corpo glorioso será, pelo contrário, no seu estado sublime, desprovido de toda umidade material, assim como acontece nas exalações de uma destilação (*sicut odor fumalis evaporationis*). E o nariz dos bem-aventurados, não impedido por nenhuma umidade, perceberá as suas mínimas nuances (*minimas odorum differentias*). O paladar também irá exercer a sua função, sem necessidade de comida, talvez porque "haverá na língua dos eleitos um humor delicioso". E o tato perceberá nos corpos algumas qualidades particulares, que parecem antecipar aquelas propriedades imateriais das imagens que os historiadores da arte modernos chamarão de "valores táteis".

6. Como entender a natureza "sutil" do corpo glorioso? Segundo uma opinião, que Tomás define como herética, a sutileza, como uma espécie de rarefação extrema,

tornará os corpos dos bem-aventurados semelhantes ao ar e ao vento e, portanto, penetráveis por outros corpos. Ou tão impalpáveis a ponto de se tornarem indistinguíveis de um sopro ou de um espírito. Tal corpo poderia, então, ocupar no mesmo instante o espaço já ocupado por outro corpo, seja este glorioso ou não. Contra esses excessos, a opinião prevalecente defende o caráter extenso e palpável do corpo perfeito. "O Senhor ressuscitou com um corpo glorioso, e, no entanto, este era palpável, como diz o *Evangelho*: 'Apalpem e vejam, porque o espírito não tem nem carne nem ossos'. Por isso, também os corpos gloriosos serão palpáveis." E, entretanto, visto que estão totalmente submetidos ao espírito, eles poderão decidir não impressionar o tato e, por virtude sobrenatural, tornarem-se impalpáveis aos corpos não gloriosos.

7. Ágil é aquilo que se move a seu bel-prazer sem esforço nem impedimento. Nesse sentido, o corpo glorioso, perfeitamente submetido à alma glorificada, será dotado de agilidade, isto é, "em todos os seus movimentos e em todos os seus atos está pronto a obedecer rapidamente ao espírito". Mais uma vez, contra aqueles que pretendem que o corpo glorioso se desloque de um lugar a outro sem passar pelo espaço intermediário, os teólogos rebatem que isso contradiria a natureza da corporeidade. Mas contra aqueles que, vendo no movimento uma espécie de corrupção e quase uma imperfeição relativa ao lugar, defendem a imobilidade dos corpos gloriosos, fazem valer a agilidade como a graça que conduz os bem-aventurados, quase instantaneamente e sem esforço, aonde querem. Como dançarinos, que se deslocam no espaço sem objetivo nem necessidade, os bem-aventurados se movem nos céus somente para exibir a sua agilidade.

8. A claridade (*claritas*) pode ser entendida de dois modos: como o cintilar do ouro, por causa da sua densidade, ou como o esplendor do cristal, por via da sua transparência. Segundo Gregório Magno,[53] o corpo dos bem-aventurados possui a claridade em ambos os sentidos, é diáfano, como o cristal, e impérvio à luz, como o ouro. E essa auréola de luz que emana do corpo glorioso pode ser percebida por um corpo não glorioso e pode diversificar-se em esplendor segundo a qualidade do bem-aventurado. A maior ou menor claridade das auréolas é apenas o índice extremo das diferenças individuais entre os corpos gloriosos.

9. Impassibilidade, agilidade, sutileza e claridade, como características e quase ornamentos do corpo glorioso, não apresentam dificuldades particulares. Trata-se, em todos os casos, de assegurar que os bem-aventurados tenham um corpo e que este seja o mesmo que tinham na Terra, embora incomparavelmente melhor. Bem mais árduo e decisivo é o problema do modo como tal corpo exerce as suas funções vitais, isto é, a articulação de uma fisiologia do corpo glorioso. O corpo, de fato, ressuscita na sua integridade e com todos os órgãos que tinha na sua existência terrena. Os bem-aventurados terão, portanto, nos séculos dos séculos, segundo o seu sexo, um membro viril e uma vagina e, nos dois casos, um estômago e intestinos. Mas com que objetivo, se, como parece óbvio, não deverão nem reproduzir-se nem nutrir-se?

---

[53] Papa Gregório Magno, o Grande (Roma, 540 – Roma, 604), 64º papa da Igreja Católica Apostólica Romana. Deixou extensa obra escrita, incluindo sermões e comentários sobre a Bíblia, como o livro *Moralia*, em que comenta o Livro de Jó, e volumes de correspondência. (N.T.)

Certamente nas suas artérias e nas suas veias circulará o sangue, mas é possível que na sua cabeça continuem ainda a crescer pelos e cabelos, que na extremidade dos seus dedos continuem a se alongar, inútil e aborrecidamente, as unhas? É enfrentando essas questões delicadas que os teólogos se deparam com uma aporia decisiva, que parece superar os limites da sua estratégia conceitual, mas que representa o *locus* no qual é possível pensar um outro uso possível do corpo.

10. O problema da ressurreição dos cabelos e das unhas (que, pelo que parece, deviam parecer a alguns teólogos pouco adequados à condição paradisíaca) é tratado por Tomás logo antes do problema, não menos embaraçoso, da ressurreição dos humores (sangue, leite, bílis negra, suor, esperma, muco, urina...). O corpo animado se diz "orgânico" porque a alma se serve das suas partes como instrumentos. Entre estes, alguns são necessários ao exercício da função (o coração, o fígado, as mãos), outros servem mais à conservação dos primeiros. Desta espécie fazem parte os cabelos e as unhas, que ressuscitarão no corpo glorioso porque contribuem a seu modo para a perfeição da natureza humana. O corpo perfeitamente depilado das manequins e das estrelas pornô é estranho à glória. E, todavia, visto que seria difícil imaginar salões celestes de cabeleireiros e manicures, devemos pensar (embora os teólogos não falem disso) que, assim como a idade, também o comprimento dos cabelos e das unhas permanecerá imutável no decorrer dos séculos.

Quanto aos humores, a solução de Tomás mostra que já naquele tempo a Igreja procurava harmonizar as exigências da teologia com as da ciência. Dos humores, de fato, alguns – como a urina, o muco, o suor – são estranhos à perfeição do indivíduo, como resíduos que a natureza expele *in via corruptionis*: estes, portanto, não ressuscitarão. Outros servem somente para a conservação da espécie em outro indivíduo, através da procriação (o esperma) e da nutrição (o leite). Também para eles não é prevista a ressurreição. Os outros humores familiares à medicina medieval – primeiramente os quatro que definem os temperamentos do corpo: sangue, bílis negra ou melancolia, bílis amarela e fleuma, e depois *ros*, *cambium* e *gluten* – ressuscitarão no corpo glorioso porque estão ordenados à perfeição natural e são inseparáveis dela.

11. É a propósito das duas principais funções da vida vegetativa – a reprodução sexual e a nutrição – que o problema da fisiologia do corpo glorioso alcança o seu limiar crítico. Se, de fato, os órgãos dessas funções – testículos, pênis, vagina, útero, estômago, intestinos – estarão necessariamente presentes na ressurreição, como se deve entender a sua função? "A procriação tem por fim a multiplicação do gênero humano e a nutrição, a restauração do indivíduo. Depois da ressurreição, no entanto, o gênero humano terá alcançado o número perfeito que havia sido preestabelecido por Deus e o corpo não sofrerá mais nem diminuição nem crescimento. Procriação e nutrição não terão mais, portanto, razão de ser".

É impossível, no entanto, que os órgãos correspondentes sejam totalmente inúteis e vácuos (*supervacanei*), pois na natureza perfeita não há nada fútil. É aqui que o problema de um outro uso do corpo encontra a sua primeira formulação balbuciante. A estratégia de Tomás é clara: trata-se de separar o órgão da sua função fisiológica específica. A finalidade dos órgãos, como a de todo instrumento, é a sua operação; mas isso não significa que, se a operação não se realiza, o instrumento se torne vão (*frustra sit instrumentum*). O órgão ou o instrumento que foi separado da sua operação e permanece, por assim dizer, em suspensão adquire, exatamente por isso, uma função ostensiva, exibe a virtude correspondente à operação suspensa. "O instrumento, de fato, não serve somente para executar a operação do agente, mas também para mostrar a sua virtude [*ad ostendendam virtutem ipsius*]". Como na publicidade ou na pornografia os simulacros das mercadorias ou dos corpos exaltam os seus atrativos na mesma medida em que não podem ser usados, mas apenas exibidos, as partes sexuais deixadas girando no vazio mostram a potência ou a virtude da procriação. O corpo glorioso é um corpo ostensivo, cujas funções não são executadas, mas mostradas; a glória é, nesse sentido, solidária da inoperosidade.

12. Pode-se falar, para os órgãos inutilizados ou inutilizáveis do corpo glorioso, de um uso diferente do corpo? Em *Ser e Tempo*, os instrumentos fora de uso – por exemplo, um martelo quebrado, portanto inoperoso – saem da esfera concreta da *Zuhandenheit*, do estar-à-mão, sempre prontos para um uso possível, para entrar na esfera da *Vorhandenheit*, da mera disponibilidade sem objetivo. Esta não significa, porém, um outro uso do instrumento, mas simplesmente o seu estar presente fora de todo uso possível, que o filósofo assimila a uma concepção alienada e, hoje, dominante do ser. Tal como os instrumentos humanos espalhados no chão aos pés do anjo melancólico da gravura de Dürer ou como os brinquedos abandonados pelas crianças depois da brincadeira, os objetos, separados do seu uso, tornam-se enigmáticos e até mesmo inquietantes. No mesmo sentido, os órgãos eternamente inoperosos no corpo dos bem-aventurados, mesmo que exibam a função generativa que pertence à natureza humana, não representam um outro uso desses órgãos. O corpo ostensivo dos eleitos, por mais "orgânico" e real, está fora de todo uso possível. E não há, talvez, nada mais enigmático que um pênis glorioso, nada mais espectral que uma vagina puramente doxológica.

13. Entre 1924 e 1926, o filósofo Sohn-Rethel[54] morava em Nápoles. Observando o comportamento dos pescadores às voltas com seus barcos a motor e alguns motoristas que procuravam dar partida nos seus carros velhíssimos, ele formulou uma teoria da técnica que definiu divertidamente como "filosofia do quebrado" (*Philosophie des Kaputten*). Segundo Sohn-Rethel, para um napolitano as coisas só começam a funcionar quando são inutilizáveis. Isso significa que começa a usar verdadeiramente os objetos técnicos somente a partir do momento em que não funcionam mais; as coisas intactas, que funcionam bem por sua conta, irritam-no e lhe são malvistas. E, no entanto, fincando um pedaço de madeira no ponto exato ou dando-lhe uma pancada no momento oportuno, consegue fazer funcionarem os dispositivos precisamente de acordo com os seus desejos. Tal comportamento, comenta o filósofo, contém um paradigma tecnológico mais elevado que o paradigma corrente: a verdadeira técnica começa tão logo o homem é capaz de opor-se ao automatismo cego e hostil das máquinas e aprende a deslocá-las em territórios e usos imprevistos, como um rapaz que numa rua de Capri havia

---

[54] Alfred Sohn-Rethel (1899-1990) foi um filósofo, economista e sociólogo alemão. Suas pesquisas estiveram voltadas à filosofia marxista, à economia do Terceiro Reich e à sociologia do trabalho, estabelecendo relações entre o trabalho manual e o trabalho intelectual. Fez parte da Escola de Frankfurt. (N.T.)

transformado um motorzinho quebrado de uma moto num aparelho de bater natas.

O motorzinho continua, aqui, de algum modo, a funcionar, mas em vista de novos desejos e de novas necessidades; a inoperosidade não é deixada a si mesma, mas se torna a passagem ou o "abre-te, sésamo" de um novo uso possível.

14. No corpo glorioso foi pensada pela primeira vez uma separação entre o órgão e a sua função fisiológica. Todavia, a possibilidade de um outro uso do corpo, que essa separação deixava entrever, ficou inexplorada. Em seu lugar, sucede a glória, concebida como o isolamento da inoperosidade numa esfera especial. A exibição do órgão separado do seu exercício, ou a repetição no vazio da função, não tem outra finalidade que não seja a glorificação da obra de Deus, exatamente como as armas e as insígnias do general vitorioso, exibidas no triunfo, são os sinais e, ao mesmo tempo, a efetivação da sua glória. Os órgãos sexuais e os intestinos dos bem-aventurados são apenas o hieróglifo ou o arabesco que a glória divina inscreve no seu brasão. E a liturgia terrena – como a celeste – não faz mais que capturar e deslocar incessantemente a inoperosidade em direção à esfera do culto *ad maiorem Dei gloriam*.

15. No seu tratado *De fine ultimo humanae vitae*, um teólogo francês do século XX colocou-se o problema da possibilidade de atribuir aos bem-aventurados o pleno exercício da vida vegetativa. E o fez, por razões compreensíveis, particularmente em relação à faculdade nutritiva (*potestas vescendi*). A vida corpórea, ele argumenta, consiste essencialmente nas funções da vida vegetativa. A restituição

perfeita da vida corpórea que tem lugar na ressurreição não pode não implicar, portanto, o exercício dessas funções. "Parece, pelo contrário, razoável que a potência vegetativa não somente não seja abolida nos eleitos, mas que seja, de algum modo, maravilhosamente [*mirabiliter*] acrescentada." O paradigma dessa persistência da função nutritiva no corpo glorioso está na refeição que Jesus ressuscitado compartilha com os discípulos (*Lucas* 24, 42-43). Com seu pedantismo habitual e inocente, os teólogos se perguntam se o peixe assado que Jesus comeu foi também digerido e assimilado, e se os resíduos da digestão foram eventualmente evacuados. Uma tradição que remonta a Basílio e à patrística oriental afirma que os alimentos ingeridos por Jesus – tanto em vida como após a ressurreição – eram total e integralmente assimilados a ponto de não necessitar da eliminação dos resíduos. Segundo outra opinião, tanto no corpo glorioso de Cristo como no corpo dos bem-aventurados, o alimento se transforma imediatamente, através de uma espécie de evaporação milagrosa, em uma natureza espiritual. Mas isso implica – e Agostinho foi o primeiro a evidenciar essa consequência – que os corpos gloriosos – a começar pelo corpo de Jesus –, mesmo não necessitando de maneira alguma de se nutrirem, mantenham, de algum modo, a sua *potestas vescendi*. Os bem-aventurados, numa sorte de ato gratuito ou de esnobismo sublime, comerão e farão a digestão do alimento sem terem nenhuma necessidade de fazê-la.

Contra a objeção daqueles que observam que, sendo a excreção (*deassimilatio*) igualmente essencial como a assimilação, haverá no corpo glorioso um trânsito de matéria de uma forma a outra – e, portanto, uma forma de corrupção e de *turpitudo* –, o teólogo em questão afirma que nas operações da natureza nada é em si abjeto. "Como nenhuma parte do corpo humano é em si indigna de ser elevada à vida da glória, assim nenhuma operação orgânica deve ser considerada indigna de participar dela [...]. É uma imaginação falsa acreditar que a nossa vida corpórea seria mais digna de Deus quanto mais fosse diferente da nossa condição presente. Deus não destrói através de seus dons altíssimos as leis naturais, mas com sua sabedoria inefável as realiza e aperfeiçoa". Há uma defecação gloriosa, que tem lugar apenas para exibir a perfeição da função natural. Mas do seu uso possível os teólogos não dizem uma única palavra.

16. A glória não é mais que a separação da inoperosidade numa esfera especial: o culto ou a liturgia. Desse modo, aquele que era apenas o limiar que permitia o acesso a um novo uso transforma-se numa condição permanente. Um novo uso do corpo só é, portanto, possível se se arrancar a função inoperosa da sua separação, e apenas se se conseguir fazer coincidir num único lugar e num único gesto o exercício e a inoperosidade, o corpo econômico e o corpo glorioso, a função e a sua suspensão. Função fisiológica, inoperosidade e novo uso insistem no único campo de tensão do corpo e não se deixam separar dele. Como a inoperosidade não é inerte, então, no ato, faz, por outro lado, aparecer a mesma potência que nele se manifestou. Desativada, na inoperosidade, não é a potência, mas somente os escopos e as modalidades nos quais o seu exercício havia sido inscrito e separado. E é essa potência que se torna, agora, o órgão de um novo uso possível, o órgão de um corpo cuja organicidade foi tornada inoperosa e suspensa.

Usar um corpo e servir-se dele como instrumento para um fim não são, de fato, a mesma coisa. Mas tampouco se trata aqui da simples e insípida ausência de um fim, com que frequentemente são confundidas a ética e a beleza. Trata-se, muito mais, de tornar inoperosa uma atividade voltada a um fim, para dispô-la a um novo uso, que não abole o antigo, mas insiste nele e o exibe. É o que fazem o desejo amoroso e a assim chamada perversão todas as vezes que usam os órgãos da função nutritiva e reprodutora para desviá-los – no próprio ato do seu exercício – do seu significado fisiológico em direção a uma nova e mais humana operação. Ou o dançarino, quando desfaz e desorganiza a economia dos movimentos corpóreos para reencontrá-los intactos e, ao mesmo tempo, transfigurados na sua coreografia.

O nu, simples corpo humano não é aqui deslocado para uma realidade superior e mais nobre: antes, é como se, libertado do sortilégio que o separava de si mesmo, acedesse agora pela primeira vez à sua verdade. Desse modo – enquanto se abre ao beijo – a boca se torna verdadeiramente boca, as partes mais íntimas e privadas se tornam o lugar de um uso e de um prazer compartilhados, os gestos habituais se tornam a escritura ilegível cujo significado escondido o dançarino decifra para todos. Visto que – enquanto tem por órgão e objeto uma potência – o uso nunca pode ser individual e privado, mas apenas comum. E como, nas palavras de Benjamin, a satisfação sexual, que tornou o corpo inoperoso, rompe o vínculo que liga o homem à natureza, assim o corpo que contempla e exibe nos gestos a sua potência acede a uma segunda e última natureza, que não é mais que a verdade da primeira. O corpo glorioso não é outro corpo, mais ágil e belo, mais luminoso e espiritual: é o mesmo corpo, no ato em que a inoperosidade o retira do encanto e o abre a um novo possível uso comum.

Uma fome de boi.
Considerações sobre o sábado, a festa e a inoperosidade

1. Que entre festa e inoperosidade exista uma relação especial é evidente no sábado judaico. A festa por excelência dos judeus, que é para eles o paradigma da fé (*yesod ha-emuna*) e de algum modo o arquétipo de toda festa, tem, de fato, o seu paradigma teológico no fato de que não a obra da criação, mas a cessação de toda obra foi declarada sagrada: "No sétimo dia Deus levou a termo o trabalho que havia feito e no sétimo dia cessou o trabalho por completo. Deus abençoou o sétimo dia e o consagrou, porque nele havia cessado todo seu trabalho" (*Gên.* 2, 2-3); "Lembra-te do dia do sábado para santificá-lo: seis dias trabalharás e farás todo o teu trabalho, mas o sétimo dia é sábado em honra do Senhor" (*Ex.* 20, 11).

A condição dos judeus durante a festa do sábado se chama, por isso, *menucha* (em grego, na Versão dos Setenta e em Fílon, *anapausis* ou *katapausis*), ou seja, inoperosidade. Essa não é alguma coisa que diga respeito somente aos homens, mas uma realidade alegre e perfeita que define a própria essência de Deus ("Somente a Deus", escreve Fílon, "é verdadeiramente próprio o ser inoperoso [...], o sábado, que significa inoperosidade, é de Deus"). E quando, nos *Salmos*, Javé evoca o objeto da espera escatológica, diz dos ímpios que eles "não entrarão na minha inoperosidade".

Por isso, a tradição rabínica preocupou-se em definir, com a sua meticulosidade habitual, as obras que não é lícito realizar durante o sábado. A *Mishná* elenca, portanto, 39 atividades (*melachot*) das quais os judeus devem com todo o cuidado abster-se: do colher e semear ao cozer e amassar, do tecer e separar os fios ao curtir as peles, do escrever ao acender o fogo, do carregar coisas ao desfazer um nó. De fato, na interpretação extensiva que lhes dá a tradição oral, as *melachot* coincidem com a esfera do trabalho e da atividade produtiva em sua integralidade.

2. Isso não significa que, durante a festa do sábado, os homens devam abster-se de qualquer atividade que seja. Precisamente o elemento da finalidade produtiva é, aqui, decisivo. Segundo a tradição judaica, de fato, um ato de pura destruição, que não tenha nenhuma implicação construtiva, não constitui *melacha*, não transgride o repouso sabático (por isso, nos comportamentos festivos, também exteriores ao judaísmo, encontramos frequentemente um alegre e, às vezes, até mesmo violento exercício da destruição e do desperdício). Assim, se é proibido acender o fogo e cozinhar, o espírito da *menucha*, no entanto, exprime-se de modo particular no consumo das refeições, às quais, como em toda festa, é dedicada uma atenção e um cuidado totalmente especiais (o sábado comporta, ao menos, três refeições festivas). Mais geralmente, é toda a esfera das atividades e dos comportamentos lícitos, dos gestos cotidianos mais comuns aos cantos de celebração e de louvor, que é investida por aquela indefinível tonalidade emotiva que chamamos "espírito de festa". Na tradição

judaico-cristã, esse modo especial de fazer e de viver juntos se manifesta no mandamento (cujo significado parecemos hoje ter completamente perdido) de "santificar as festas". A inoperosidade, que define a festa, não é simples inércia ou abstenção: é, muito mais, santificação, ou seja, uma modalidade particular do agir e do viver.

3. Que hoje, apesar da ênfase um pouco nostálgica que ainda a circunda, a festa não seja algo que nos é dado experimentar totalmente em boa fé é uma constatação até muito óbvia. Kerényi[55] comparava, nesse sentido, a perda da festividade à condição de quem desejasse dançar sem escutar mais a música. Continuamos a realizar os mesmos gestos que nos ensinaram os nossos avós, a abstermo-nos mais ou menos completamente do trabalho, a preparar com mais ou menos cuidado o peru natalício ou o cordeiro da Páscoa, a sorrir, a dar presentes e a cantar, mas, precisamente, não ouvimos mais a música e não sabemos

---

[55] Károly Kerényi (1897-1973) nasceu na Hungria. Filólogo e historiador das religiões, exerceu um papel muito importante nos estudos modernos de mitologia grega e romana. Em 1963, exila-se na Suíça, momento em que abandona o húngaro e adota definitivamente a língua alemã. Os estudos de Kerényi influenciaram as pesquisas do jovem mitólogo e germanista Furio Jesi (1941-1980); ambos tiveram uma relação epistolar durante alguns anos da década de 1960. Giorgio Agamben dedica a Jesi um ensaio intitulado "Sull'impossibilità di direi io. Paradigmi epistemologici e paradigmi poetici in Furio Jesi", publicado na revista *Riga*, Milano, n. 31, p. 144-152, 2012. O ensaio foi publicado originalmente em *Cultura Tedesca*, n. 12, p. 11-20, 1999, e posteriormente incluído em AGAMBEN, Giorgio, *La potenza del pensiero*. Vicenza: Neri Pozza, 2005, p. 109-123 (edição brasileira publicada sob o título *A potência do pensamento: ensaios e conferências*, pela Autêncía Editora). Agamben também escreveu o prefácio "Il talismano di Furio Jesi", publicado em JESI, Furio. *La lettura del "Bateau ivre" di Rambaud*. Macerata: Quodlibet, 1996, p. 5-8. (N.T.)

mais "santificar". E, no entanto, não podemos renunciar à festa, continuamos seguindo em cada ocasião, mesmo de fora das festas organizadas, aquela particular – e perdida – modalidade do agir e do viver que chamamos "fazer festa". Obstinamo-nos em dançar, substituímos a perda da música pelo barulho das discotecas e dos alto-falantes, continuamos a desperdiçar e a destruir – também, e sempre mais frequentemente, a vida – sem conseguir mais alcançar a *menucha*, a simples mas, para nós, impraticável inoperosidade que somente ela poderia restituir o seu sentido à festa. Mas por que a inoperosidade nos é tão difícil e impenetrável? E o que é a festividade, como atributo do viver e do agir dos homens?

4. Nas suas *Questões convivais*, Plutarco narra ter assistido em Queroneia[56] a uma festa chamada de "expulsão da bulimia". "Há uma festa ancestral", ele escreve, "que o arconte celebra no altar público e todos os cidadãos em suas casas. Chama-se 'expulsão da bulimia' [*boulimou exelasis*]. Expulsa de casa a golpes de agnocasto um dos servos, gritando: 'Fora, a bulimia, dentro, riqueza e saúde'". *Boulimos*, em grego, significa "fome de boi". Plutarco nos informa que em Esmirna[57] havia uma festa semelhante, durante a qual, para expulsar a *boubrostis* (o "comer como um boi"), sacrificava-se um touro negro com toda a sua pele.

Para compreender o que estava em questão nessas festas, é necessário, em primeiro lugar, livrar-se do equívoco segundo o qual se procurava, assim, propiciar riqueza e abundância de comida. Que não se trata, de

---

[56] Cidade histórica grega situada na Beócia, região da Grécia Central. Plutarco nasceu em Queroneia, por volta de 46 d.C. (N.T.)

[57] Cidade do sudoeste da Turquia situada na região do Egeu. (N.T.)

modo algum, disso está provado para além de toda dúvida pelo fato de que aquilo que se expulsa não são a fome e a carestia, mas, ao contrário, a "fome de boi", o comer contínuo e insaciável dos animais (de que o boi, com o seu lento e ininterrupto ruminar, é aqui o símbolo). Expulsar o escravo "bulímico" significa, então, expelir certa forma de comer (o devorar ou ingurgitar como fazem as feras, para saciar uma fome por definição insaciável) e abrir, portanto, o espaço a outra modalidade do alimentar-se, aquela humana e festiva, que pode, de fato, começar somente quando a "fome de boi" é expulsa, quando a bulimia se tornou inoperosa e santificada. O comer, ou seja, não como *melacha*, atividade voltada a um objetivo, mas como inoperosidade e *menucha*, sábado da nutrição.

5. Nas línguas modernas, o termo grego para a fome de boi se manteve na terminologia médica para designar um distúrbio de alimentação que, a partir do final dos anos 1970, tornou-se comum nas sociedades opulentas. A sintomatologia desse distúrbio (que se apresenta, às vezes, em ligação com seu oposto simétrico, a anorexia nervosa) é caracterizada por episódios recorrentes de orgia alimentar, pela sensação de perda de controle sobre o ato de comer durante a comilança e pelo recurso a práticas eméticas logo após o episódio bulímico. Notou-se que os distúrbios alimentares, que começaram a ser esporadicamente observados na segunda metade do século XX e que adquirem somente no nosso tempo as características de uma epidemia, na esfera religiosa têm o seu precursor nos jejuns rituais (as "santas anoréxicas" da Idade Média) e no seu contrário, os banquetes ligados às festas (o próprio termo *eating binges*, que no DSM em uso entre os psiquiatras norte-americanos define os episódios bulímicos, refere-se

originalmente aos excessos alimentares durante as celebrações festivas, e há festas, como o Ramadã islâmico, que parecem consistir numa pura e simples alternância ritual de anorexia e bulimia, de jejum e banquete).

É possível olhar, nessa perspectiva, a bulimia nervosa como ligada, de algum modo, à festa homônima da qual Plutarco nos conservou a descrição. Tal como o escravo expulso de casa a golpes de vara de agnocasto personificava no próprio corpo a fome de boi que se tratava de remover da cidade para dar lugar ao comer festivo, igualmente o bulímico, com seu apetite insaciável, vive na própria carne uma fome de boi que se tornou impossível expulsar da cidade. Quase sempre obeso, inseguro, incapaz de se controlar e objeto, por isso, diferentemente do anoréxico, de uma forte reprovação social, o bulímico é o inútil bode expiatório da impossibilidade de um autêntico comportamento festivo no nosso tempo, o resíduo imprestável de uma cerimônia purificadora cujo significado as sociedades contemporâneas perderam.

6. Há, no entanto, no comportamento do bulímico, um aspecto que parece atestar, pelo menos em parte, a recordação de uma pretensão catártica. Trata-se do vômito, ao qual ele recorre tanto mecanicamente, enfiando dois dedos na garganta, como tomando substâncias eméticas e purgantes (precisamente esta última prática, como no caso famoso da cantora Karen Carpenter, morta após o uso abusivo de eméticos, pode colocar em perigo a vida do paciente). Desde os primeiros estudos sobre a bulimia, o recurso ao vômito é considerado parte integrante do diagnóstico (mesmo se uma pequena porcentagem dos bulímicos, aproximadamente seis por cento, não recorre a tal prática). Explicar esse enjoo obstinado com a preocupação adotada pelos próprios pacientes (sobretudo de sexo feminino) de não engordarem, não parece satisfatório. Na realidade, o bulímico, rejeitando aquilo que ingurgitou um momento antes durante a comilança, parece revogar e tornar inoperante a sua fome de boi, de certo modo purificando-se dela. Por um instante, embora sozinho e na incompreensão absoluta dos outros seres humanos, aos olhos dos quais o vômito surge ainda mais reprovável que a comilança, o bulímico parece assumir inconscientemente para si essa função catártica que o escravo realizava alegremente para os cidadãos de Queroneia (e é justamente em relação a essa alternância regulada de excesso alimentar e vômito, pecado e expiação, que, num livro intitulado significativamente *Responsible Bulimia*, o autor podia reivindicar ter praticado "com consciência e sucesso" a bulimia por um bom número de anos).

7. Voracidade animal e almoço humano, que os comportamentos rituais nos representam necessariamente como dois momentos distintos, não são na realidade separáveis. Se, em Esmirna, a expulsão da *boubrostis*, do comer como um boi, coincidia com o sacrifício do boi e com a refeição ritual, também em Queroneia o sacrifício (*thysia*, tal como o chama Plutarco), visto que seguido de um banquete público, parece consistir essencialmente na expulsão do *boulimos*, ou seja, no ato de tornar inoperante a fome de boi que tinha lugar, sem dúvida, no próprio corpo humano. De modo semelhante, na síndrome bulímica, é como se o paciente, vomitando a comida imediatamente logo após tê-la engolido quase sem se dar conta, já a vomitasse, na realidade, enquanto a devora, como se vomitasse e tornasse inoperante a própria fome animal.

Essa promiscuidade entre o animal e o humano, entre fome de boi e nutrição festiva contém um ensinamento precioso sobre a relação entre inoperosidade e festa que nos propusemos tornar inteligível. A inoperosidade – esta é, pelo menos, a hipótese que pretendemos sugerir – não é uma consequência ou uma condição preliminar (a abstenção do trabalho) da festa, mas coincide com a própria festividade, no sentido de que esta consiste exatamente em neutralizar e tornar inoperosos os gestos, as ações e as obras humanas, e só desse modo torná-los festivos (fazer festa significa, nesse sentido, "fazer a festa", consumir, desativar e, no limite, eliminar algo).

8. Que o sábado – toda festa – não seja simplesmente, como nos nossos calendários, um dia de repouso que se acrescenta aos dias de trabalho, mas signifique um tempo e um fazer especiais está implícito na narração do *Gênesis*, em que a realização da obra e o repouso coincidem no mesmo sétimo dia ("No sétimo dia concluiu o trabalho que havia feito e no sétimo dia cessou toda a sua obra"). Precisamente para destacar a continuidade imediata – e, ao mesmo tempo, a heterogeneidade – entre obra e trabalho, o autor do comentário conhecido como *Gênesis Rabá* escreve: "O homem, que não conhece os tempos, os momentos e as horas, toma algo do tempo profano e o incorpora ao tempo sagrado; mas o santo, bendito seja o seu nome, que conhece os tempos, os momentos e as horas, só entrou no sábado por um triz". E é no mesmo sentido que deve ser lida a afirmação de outro comentador, segundo a qual "o preceito do sábado equivale a todos os preceitos da Torá", e a observância do sábado "faz com que o messias venha". Isso significa que o repouso sabático não é uma simples abstenção, sem relação com os preceitos e com as ações dos

outros dias, mas corresponde, pelo contrário, à observância perfeita dos mandamentos (a vinda do messias significa o cumprimento definitivo, o devir inoperoso da Torá). Por isso, a tradição rabínica vê no sábado uma parcela e uma antecipação do Reino messiânico. O Talmude exprime com a crueza habitual esse parentesco essencial entre o sábado e o *olam habba*, o "tempo por vir": "Três coisas antecipam o tempo por vir, o sol, o sábado e o *tashmish*" (palavra que significa união sexual ou defecação).

Como devemos entender, então, a relação de proximidade e, quase, de imanência recíproca entre sábado, obra e inoperosidade? No seu comentário ao *Gênesis*, Rashi se reporta a uma tradição segundo a qual também no sábado foi criada alguma coisa: "Depois dos seis dias da criação, o que ainda faltava ao universo? A *menucha* ['a inoperosidade', 'o repouso']. Veio o sábado, veio a *menucha* e o universo foi concluído". A inoperosidade, do mesmo modo, pertence à criação, é uma obra de Deus; mas se trata, por assim dizer, de uma obra muito especial, que consiste em tornar inoperosas, em fazer repousar, as outras obras. Rosenzweig[58] manifesta essa contiguidade heterogênea entre o sábado e a criação, escrevendo que ele é, juntamente e ao mesmo tempo, festa da criação e festa da redenção, ou que nele se celebra uma criação que estava destinada desde o início à redenção (isto é, à inoperosidade).

9. A festa não é definida por aquilo que nela não se faz, mas, muito mais, pelo fato daquilo que se faz – que

---

[58] Franz Rosenzweig (Kassel, 1886 – Frankfurt am Main, 1929) é um dos filósofos-teólogos mais importantes do século XX. Foi aluno de Heinrich Rickert e de Friedrich Meinecke e influenciou pensadores como Walter Benjamin e Emmanuel Lévinas, entre outros. (N.T.)

em si não é diferente do que se realiza todos os dias –, que vem des-feito, tornado inoperoso, libertado e suspenso pela sua "economia", pelas razões e pelos objetivos que o definem nos dias úteis (o não fazer é, nesse sentido, só um caso extremo dessa suspensão). Se comemos, não o fazemos para absorver comida; se nos vestimos, não o fazemos para nos cobrir ou para nos proteger do frio; se nos mantemos em vigília, não o fazemos para trabalhar; se caminhamos, não é para ir a algum lugar; se falamos, não é para nos comunicar algumas informações; se trocamos objetos, não é para vender ou para comprar.

Não há festa que não comporte, em alguma medida, esse elemento suspensivo, ou seja, que não comece antes de tudo tornando inoperosas as obras dos homens. Nas festas sicilianas dos mortos descritas por Pitrè[59] (mas algo de semelhante ocorre em todas as festas que comportam dons, como o Halloween, em que os mortos são personificados por crianças), os mortos (ou uma velha chamada Strina, proveniente de *strena*, nome latino dos presentes que se trocavam nas festividades do início do ano) roubam dos alfaiates, dos comerciantes e dos pasteleiros as suas mercadorias para doá-las às crianças. Consoadas,[60] presentes e brinquedos são objetos de uso e de troca tornados inoperosos, arrancados da sua economia. Em todas as festas de tipo carnavalesco, como as saturnais romanas, as relações sociais existentes são suspensas e invertidas: não só os escravos governam os seus patrões,

---

[59] Giuseppe Pitrè (Palermo, 1841 – Palermo, 1916) foi um escritor e antropólogo italiano, autor de *Biblioteca delle tradizioni popolari siciliane* (1871-1913). (N.T.)

[60] Em italiano, *strenne* são os presentes oferecidos no Natal. Decidi traduzir o termo por "consoada", que, em português, significa tanto o presente que se dá no Natal como a refeição festiva realizada na noite natalícia. (N.T.)

mas a soberania é colocada nas mãos de um rei bufo (*saturnalicius princeps*) que assume o lugar do rei legítimo, de modo que a festa se manifesta, primeiramente, como uma desativação dos valores e dos poderes vigentes. "Não há festa antiga sem dança", escreve Luciano; mas o que é a dança senão a libertação do corpo dos seus movimentos utilitários, exibição dos gestos na sua pura inoperosidade? E o que são as máscaras, que intervêm de várias maneiras nas festas de muitos povos, senão, antes de tudo, uma neutralização do rosto?

10. Isso não significa que as atividades dos homens, que a festa suspendeu e tornou inoperosas, sejam necessariamente separadas e transferidas para uma esfera mais elevada e solene. É possível, aliás, que essa separação da festa na esfera do sagrado, que certamente se produziu num determinado momento, seja obra das igrejas e do clero. Dever-se-ia, talvez, tentar inverter a cronologia habitual, que coloca na origem os fenômenos religiosos, os quais seriam em seguida secularizados, e pensar, ao contrário, como anterior o momento em que as atividades humanas são simplesmente neutralizadas e tornadas inoperosas na festa. O que chamamos religião (termo que, no sentido que lhe damos, falta nas culturas antigas) interviria agora para capturar a festa numa esfera separada. A hipótese de Lévi-Strauss, que lê os conceitos fundamentais através dos quais estamos acostumados a pensar a religião (os conceitos de tipo *mana*, *wakan*, *orenda*, *tabou*, etc.) como significantes excedentes, que, em si mesmos vazios, podem precisamente por isso ser preenchidos por qualquer conteúdo simbólico, adquiriria nessa perspectiva uma significação ainda mais ampla. Os significados "com valor simbólico zero" corresponderiam às ações e às coisas humanas que a festa esvaziou e tornou inoperosas e que a religião intervém para separar e recodificar no seu dispositivo cerimonial.

Em todo caso, que a inoperosidade festiva preceda a religião ou resulte, ao contrário, da profanação dos seus dispositivos, essencial é aqui uma dimensão da práxis em que o cotidiano, simples fazer dos homens, não é negado ou abolido, mas suspenso e tornado inoperoso para ser, como tal, festivamente exibido. Assim, a procissão e a dança exibem e transformam a maneira simples de andar do corpo humano, os presentes desvelam uma possibilidade inesperada nos produtos da economia e do trabalho, a refeição festiva renova e transfigura a fome de boi. E não para torná-los sagrados e intocáveis, mas, pelo contrário, para abri-los a um novo – ou mais antigo – possível uso sabático. A linguagem crua e zombadora do Talmude, que une, como penhores do tempo por vir, o sábado e a união sexual (ou a defecação), mostra aqui toda a sua seriedade.

O último capítulo da história do mundo

Na marionete, ou em Deus.

Os modos pelos quais ignoramos alguma coisa são igualmente e talvez mais importantes que os modos pelos quais a conhecemos. Há modos do não saber – distrações, desatenções, esquecimentos – que produzem desacerto e torpeza; mas outros – a distração do garoto de Kleist, o desleixo encantado de uma criança – cuja plenitude não nos cansamos de admirar. A psicanálise chama recalcamento a um modo de ignorar que produz frequentemente efeitos nefastos na vida daquele que ignora. Pelo contrário, chamamos bela a uma mulher cuja mente parece felizmente inconsciente de um segredo do qual o seu corpo está perfeitamente a par. Há, portanto, modos bem-sucedidos de ignorarmos, e a beleza é um deles. É possível, aliás, que seja realmente o modo como conseguimos ignorar que define a categoria daquilo que conseguimos conhecer e que a articulação de uma zona de não conhecimento seja a condição – e, ao mesmo tempo, a pedra de toque – de todo o nosso saber. Se isso é verdade, um catálogo raciocinado dos modos e das espécies da ignorância seria igualmente útil como classificação sistemática das ciências nas quais se baseia a transmissão do saber. Enquanto, todavia, os homens refletem há séculos sobre como conservar, melhorar e tornar mais seguros os seus conhecimentos, de uma arte da ignorância faltam até mesmo os princípios elementares. Epistemologia e ciência do método indagam e fixam as condições, os paradigmas e os estatutos do saber, mas para que seja possível articular uma zona de não conhecimento não há receitas. Articular uma zona de não conhecimento não significa, de fato, simplesmente não saber, não se trata somente de uma falta ou de um defeito. Significa, pelo contrário, mantermo-nos na exata relação com uma ignorância, deixar que um desconhecimento guie e acompanhe os nossos gestos, que um mutismo responda limpidamente pelas nossas palavras. Ou, para usarmos um vocabulário obsoleto, que aquilo que nos é mais íntimo e nutritivo tenha a forma não da ciência e do dogma, mas da graça e do testemunho. A arte de viver é, nesse sentido, a capacidade de nos mantermos em relação harmônica com o que nos escapa.

O saber também se mantém, em última análise, em relação com uma ignorância. Mas o faz pelo modo do recalcamento ou por aquele, mais eficaz e potente, da pressuposição. O não saber é o que o saber pressupõe como o país inexplorado que se pretende conquistar, o inconsciente é a treva à qual a consciência deverá levar a sua luz. Em ambos os casos, algo vem separado, para depois ser penetrado e alcançado. A relação com uma zona de não conhecimento vela, pelo contrário, para que permaneça como tal. E não para exaltar a sua obscuridade, como faz a mística, nem para glorificar o seu arcano, como faz a liturgia. E tampouco para enchê-la de fantasmas, como faz a psicanálise. Não se trata de uma doutrina secreta ou de uma ciência superior, nem de um saber que não se sabe. É possível, antes, que a zona de não conhecimento nada contenha propriamente de especial, que, se pudéssemos olhá-la por dentro, conseguiríamos entrever somente – mas não certamente – um velho e pequeno trenó abandonado, apenas – mas não claramente – o aceno intratável de uma menina que nos convida para brincar. Talvez não exista sequer uma zona de não conhecimento, e existam apenas os seus gestos. Como Kleist tão bem havia entendido, a relação com uma zona de não conhecimento é uma dança.

Lista das principais obras citadas

AGOSTINO AURELIO. *La città di Dio*. Introduzione e note di D. Gentili e A. Trapè. In: *Opere di Sant'Agostino*. Roma: Città Nuova, 1978. v. V, 1-3.

AGOSTINO AURELIO. *La Genesi alla lettera*. A cura di L. Carrozzi. In: *Opere di Sant'Agostino*. Roma: Città Nuova, 1989. v. IX, 2.

AGOSTINO AURELIO. *L'istruzione cristiana*. A cura di M. Simonetti. Milano: Fondazione Lorenzo Valla; Mondadori, 1994.

AGOSTINO AURELIO. *Natura e grazia*. Introduzione e note di A. Trapè. In: *Opere di Sant'Agostino*. Roma: Città Nuova, 1981. v. XVII, 2.

AVVICENNE. *Liber de anima, seu Sextus de naturalibus*. Édition critique de la traduction latine médiévale par S. van Riet. Louvain; Leiden: Peeters-Brill, 1968-1972.

BENJAMIN, Walter. Le affinità elettive. In: *Angelus novus*. Torino: Einaudi, 1962.

BENJAMIN, Walter. *Tagebücher*. In: *Gesammelte Schriften*, Band VI. Frankfurt-am-Main: Suhrkamp, 1985.

BROGLIE, Vitus de. *De fine ultimo humanae vitae*. Paris: Beauchesne et Ses Fils, 1948.

CYRILLE DE JÉRUSALEM. *Catéchèses mystagogiques*. Introduction, texte critique et notes par A. Piedagnel. Paris: Les Éditions du Cerf, 2004.

DIE SCHRIFTEN der römischen Feldmesser. Herausgegeben von F. Blume, K. Lachmann und A. Rudorff. Berlin: [s.n.], 1848

ECKHART, (Meister). *Sermos latinus, eius est imago haec*. In: *Die deutschen und lateinischen Werke*. Texte und Überzetsungen von E. Benz. Stuttgart: Kohlhammer, 1936.

EPITTETO. *Diatribe*. Introduzione, prefazione e note di G. Reale. Milano: Rusconi, 1982.

FILONE DI ALESSANDRIA. *Commentario allegorico alla Bibbia*. A cura di R. Radice. Milano: Bompiani, 2005.

GENESIS RABBAH. *The Judaic Commentary to the Book of Genesis: A New American Translation I-III*. Translated by J. Neusner. Atlanta: Scholars Press, 1985.

HARL, Marguerite. La prise de conscience de la "nudité" d'Adam. *Studia Patristica*, Berlin, v. 7, n. 92, 1966.

HIERONYMUS. *Epistulae*, 64, 19. Vindobonae: Österreichische Akademie der Wissenschaften, 1996. 3 v.

ISIDORO DI SIVIGLIA. *Etimologie e origini*. Torino: Utet, 2004.

KIERKEGAARD, Sören. *Atti dell'amore*. A cura di C. Fabro. Milano: Bompiani, 2003.

KLEIST, Heinrich von. *Sul teatro di marionette*. In: *Opere*. A cura di L. Traverso. Firenze: Sansoni, 1959.

LÉVI-STRAUSS, Claude. Introduction à l'œuvre de Marcel Mauss. In: MAUSS, Marcel. *Sociologie et anthropologie*. Paris: PUF, 1950.

LOSSKY, Vladimir. *Théologie négative et connaissance de Dieu chez Maître Eckhart*. Paris: Vrin, 1973.

NIETZSCHE, Friedrich. *La nascita della tragedia: considerazioni inattuali I-III*. Milano: Adelphi, 1972.

ORIGENE. *I principi: contra Celsum e altri scritti filosofici*. A cura di M. Simonetti. Firenze: Sansoni, 1975.

PETERSON, Erik. Theologie des Kleider. In: *Marginalien zur Theologie*. Würzburg: Echter, 1995.

PLUTARQUE. *Quaestionum convivialium libri IX*. Texte établi et traduit par F. Frazier et J. Sirinellin. In: *Œuvres morales*. Paris: Les Belles Lettres, 1996. v. 9, 3.

Rashi di Troyes, *Commento alla Genesi*. Casale Monferrato: Marietti, 1985.

ŠAHRASTĀNĪ, Muḥammad ibn 'Abd-al-Karīm. *Livre des religions et des sectes*. Traduction avec introduction et notes par J. Jolivet et G. Monnot. Leuven; Paris: Peeters; Unesco, 1993. v. 2.

SARTRE, Jean-Paul. *l'être et le néant: essai d'ontologie phénoménologique*. Paris: Gallimard, 2000.

SMITH, Jonathan Z. The Garments of Shame. *History of Religion*, v. 5, n. 2, 1966.

SOHN-RETHEL, Alfred. *Napoli: la filosofia del rotto*. Napoli: Alessandra Caròla, 1991.

STIMILLI, Davide. *Kafka's Shorthand*. Conferência inédita ocorrida no Warburg Institute de Londres, em 20 de maio de 2006.

TAFURI, Manfredo. Le forme del tempo: Venezia e la modernità. In: UNIVERSITÀ IUAV di Venezia, Inaugurazioni accademiche 1991-2006. Venezia: IUAV, 2006.

TAVIANI, Ferdinando; SCHINO, Mirella. *Il segreto della Commedia dell'Arte: le memorie delle compagnie italiane del XVI, XVII e XVIII secolo*. Firenze: La Casa Usher, 1982.

THOMAS DE VIO. *Commentaria in Summam Theologiae*. In: SANCTI Thomae Aquinatis *Summa Theologiae* cum supplementis et commentariis Thomae de Vio Caietani. Roma: Edizione Leonina, 1888-1906. v. IV-XII.

TOMMASO D'AQUINO. *La somma teologica*. A cura dei Domenicani italiani. Traduzione e testo latino dell'Edizione Leonina. Firenze: Salani, 1949-1975. 34 v.

VANGELO copto di Tommaso. In: APOCRIFI del Nuovo Testamento. A cura di L. Moraldi. Torino: Utet, 1975.

Créditos das imagens

p. 90: Performance de Vanessa Beecroft, vb43.069.te, Gagosian Gallery, Londres, Reino Unido, 9 de maio de 2000.

p. 92: A tentação de Adão e Eva no Paraíso, de Masolino da Panicale. Cappella Brancacci, Igreja de Santa Maria del Carmine. Disponível em: <http://commons.wikimedia.org/wiki/File%3AMasolino%2C_adamo_ed_eva.jpg>.

p. 96: Detalhe do relicário de prata de Santo Isidoro (século XI), Basílica de Santo Isidoro, León, Espanha.

p. 98: Adão e Eva expulsos do Paraíso (século XII), detalhe de mosaico da Cadetral de Monreale, Sicília, Itália.

p. 101: Performance de Vanessa Beecroft, vb47.377.dr, Peggy Guggenheim Collection, Veneza, Itália, 10 de junho de 2001.

p. 113: Revista pornográfica japonesa.

p. 115: Estátua anatômica de cera, de Clemente Susini (século XVIII). Museu de História Natual La Specola, Universidade de Florença, Itália. Fotos de Saulo Bambi.

p. 117: *Sie Kommen (Naked and Dressed)*, Helmut Newton, Vogue Studios, Paris, 1981. © The Helmut Newton Estate.

p. 125: Walter Benjamin com Gert Wissing e Maria Speyer. Saint-Paul-de-Vence, França, maio de 1931.

p. 129: Capa do livro *Do it yourself*, de Uwe Ommer, Taschen, 2007.

Coleção FILÔ

Gilson Iannini

A filosofia nasce de um gesto. Um gesto, em primeiro lugar, de afastamento em relação a certa figura do saber, a que os gregos denominavam *sophia*. Ela nasce, a cada vez, da recusa de um saber caracterizado por uma espécie de acesso privilegiado a uma verdade revelada, imediata, íntima, mas de todo modo destinada a alguns poucos. Contra esse tipo de apropriação e de privatização do saber e da verdade, opõe-se a *philia*: amizade, mas também, por extensão, amor, paixão, desejo. Em uma palavra: Filô.

Pois o filósofo é, antes de tudo, um *amante* do saber, e não propriamente um sábio. À sua espreita, o risco sempre iminente é justamente o de se esquecer daquele gesto. Quantas vezes essa *philia* se diluiu no tecnicismo de uma disciplina meramente acadêmica e, até certo ponto, inofensiva? Por isso, aquele gesto precisa ser refeito a cada vez que o pensamento se lança numa nova aventura, a cada novo lance de dados. Na verdade, cada filosofia precisa constantemente renovar, à sua maneira, o gesto de distanciamento de si chamado *philia*.

A coleção FILÔ aposta nessa filosofia inquieta, que interroga o presente e suas certezas, que sabe que as fronteiras da filosofia são muitas vezes permeáveis, quando não incertas. Pois a história da filosofia pode ser vista como a história da delimitação recíproca do domínio da racionalidade filosófica em relação a outros campos, como a poesia e a literatura, a prática política e os modos de subjetivação, a lógica e a ciência, as artes e as humanidades.

A coleção aposta também na publicação de autores e textos que se arriscam a pensar os desafios da atualidade. Isso porque é preciso manter a verve que anima o esforço de pensar filosoficamente o presente e seus desafios. Nesse sentido, a inauguração da série Agamben, dirigida por Cláudio Oliveira, é concretização desse projeto. Pois Agamben é o pensador que, na atualidade, melhor traduz em ato tais apostas.

Série FILÔ Agamben

Cláudio Oliveira

Embora tenha começado a publicar no início dos anos 1970, o pensamento de Giorgio Agamben já não se enquadra mais nas divisões que marcaram a filosofia do século XX. Nele encontramos tradições muito diversas que se mantiveram separadas no século passado, o que nos faz crer que seu pensamento seja uma das primeiras formulações filosóficas do século XXI. Heidegger, Benjamin, Aby Warburg, Foucault e tantos outros autores que definiram correntes diversas de pensamento durante o século XX são apenas elementos de uma rede intrincada de referências que o próprio Agamben vai construindo para montar seu pensamento. Sua obra é contemporânea de autores (como Alain Badiou, Slavoj Žižek ou Peter Sloterdijk) que, como ele, tendo começado a publicar ainda no século passado, dão mostra, no entanto, de estarem mais interessados no que o pensamento tem a dizer neste início do século XXI, para além das diferenças, das divisões e dos equívocos que marcaram o anterior.

Uma das primeiras impressões que a obra de Agamben nos provoca é uma clara sensibilidade para a questão da escrita filosófica. O caráter eminentemente poético de vários de seus livros e ensaios é constitutivo da questão, por ele colocada em seus primeiros livros (sobretudo em *Estâncias*, publicado no final da década de 1970), sobre a separação entre poesia e filosofia, que ele entende como um dos acontecimentos mais traumáticos do pensamento ocidental. Um filósofo amigo de poetas, Agamben tenta escrever uma filosofia amiga da poesia, o que deu o tom de suas principais obras até o início da década de 1990. A tetralogia *Homo Sacer*, que tem início com a publicação de *O poder soberano e a vida nua*, na Itália, em 1995, e que foi concluída em 2014, com a publicação do segundo tomo do quarto volume, intitulado *O uso dos corpos* (após a publicação de nove livros, divididos em quatro volumes), foi entendida por muitos como uma mudança de rota, em direção à discussão política. O que é um erro e uma incompreensão. Desde o primeiro livro, *O homem sem conteúdo*, a discussão com a arte em geral e com a literatura e a poesia em particular é sempre situada dentro de uma discussão que é política e na qual o que está em jogo, em última instância, é o destino do mundo ocidental e, agora também, planetário.

Aqui vale ressaltar que essa discussão política também demarca uma novidade em relação àquelas desenvolvidas nos séculos XIX e XX. Como seus contemporâneos, Agamben coloca o tema da política em novos termos, mesmo que para tanto tenha que fazer, inspirando-se no método de Foucault, uma verdadeira arqueologia de campos do saber até então não devidamente explorados, como a teologia e o direito. Esta é, aliás, outra marca forte do pensamento de Agamben: a multiplicidade de campos do saber que são acionados em seu pensamento. Direito, teologia, linguística, gramática histórica, antropologia, sociologia, ciência política, iconografia e psicanálise vêm se juntar à filosofia e à literatura, como às outras artes em geral, dentre elas o cinema, para dar conta de questões contemporâneas que o filósofo italiano entende encontrar em todos esses campos do saber.

Ao dar início a uma série dedicada a Agamben, a Autêntica Editora acredita estar contribuindo para tornar o público brasileiro contemporâneo dessas discussões, seguindo, nisso, o esforço de outras editoras nacionais que publicaram outras obras do filósofo italiano anteriormente. A extensão da obra de Agamben, no entanto, faz com que vários de seus livros permaneçam inéditos no Brasil. Mas, com seu esforço atual de publicar livros de vários períodos diferentes da obra de Giorgio Agamben, a Autêntica pretende diminuir essa lacuna e contribuir para que os estudos em torno dos trabalhos do filósofo se expandam no país, atingindo um público ampliado, interessado nas questões filosóficas contemporâneas.

Este livro foi composto com tipografia Bembo Std e impresso
em papel Off-White 80 g/m² na Formato Artes Gráficas.